JN423386

아가페 쉬운성경 ver.

채움 쓰기성경®

잠언

· Chaeum Self Writing Bible ·

네 마음을 다하여 여호와를 신뢰하고, 절대로 네 슬기를 의지하지 마라.

잠언 3장 5절

Proverbs

AGAPE
[주]아가페출판사

아가페 쉬운성경 ver. 채움 쓰기성경® 쓰기표

잠언	1	2	3	4	5	6	7	8	9	10	11	12	13	14	15	16	17	18	19	20	21	22	23	24	25
	26	27	28	29	30	31																			

일러두기

- 필사를 마친 부분을 쓰기성경 쓰기표에 색펜이나 형광펜으로 표시하세요.
- 필사하는 란에는 '소제목'을 쓰지 않습니다.

특징

- 성경을 휴대하지 않아도, 장소와 시간에 구애 없이 성경을 필사할 수 있습니다.
- 성경 전체 본문이 인쇄되어, 필사 시간이 획기적으로 단축됩니다.
- 자신의 글씨체대로 자유롭게 필사할 수 있습니다.
- 잘 펴지는 제본으로 편리하게 쓸 수 있습니다.
- 한 가정에서 가족들이 함께 나눠 필사할 수도 있습니다.

1. 성경은 성령님의 감동으로 이루어진 하나님의 말씀입니다. (딤후 3:16)
   – 성령님을 의지하는 겸손한 믿음으로 시작하십시오.
2. 성경은 주야로 묵상하여야 할 우리 삶의 지침입니다. (시 1:2)
   – 삶이 변화되기를 바라는 간절한 마음이 필요합니다.
3. 성경은 우리를 하나님의 사람으로 온전케 하는 진리입니다. (딤후 3:17)
   – 회개의 기도는 신자들의 호흡입니다.
4. 성경은 일점일획도 변함없이 이루어질 하나님의 약속입니다. (마 5:18)
   – 굳건한 신뢰의 마음으로 써야 합니다.
5. 성경은 사람을 구원에 이르게 하는 지혜의 말씀입니다. (요 20:31; 딤후 3:15)
   – 구원의 기쁨을 노래하는 마음으로 기록합니다.
6. 성경말씀은 성령께서 쓰시는 검(劍)입니다. 영적전투의 공격용 무기입니다. (엡 6:17)
   – 그리스도의 좋은 군사로서, 진리를 위하여 싸우는 담대한 자세가 요청됩니다.
7. 성경말씀의 핵심은 하나님을 사랑하며, 이웃을 사랑하는 것입니다. (마 22:37–40)
   – 사랑을 배우고 행하는 사람으로서의 태도가 필수적입니다.
8. 매일 시간을 정해 놓고 하며, 기도로 시작하여 기도로 끝냅니다.
   – 하루 24시간의 십일조(2.4시간)를 성경 쓰기에 드리면, 일년에 성경 전체를 완필할 수 있습니다.

아가페 쉬운성경 ver. 채움 쓰기성경® 활용법

잠언 3:35-4:9

35 지혜로운 사람은 영광을 얻지
만, 어리석은 사람은 수치를
당할 것이다.

소제목 ······ 지혜의 중요성

장 숫자 ······ 4 아들들아, 너희는 아버지
의 교훈을 듣고, 순종하여
총명을 얻어라.
2 내가 너희에게 선한 가르침을
주리니, 내 가르침을 잊지 마
라.
3 내가 어려서 내 아버지에게 아
들이었고, 어머니의 온순한 사
랑을 받는 자였을 때,
4 아버지는 내게 이렇게 가르쳐
주셨다. "너는 내 가르침을 마
음에 굳게 새겨, 내 명령들을
지켜라. 그러면 살 것이다.
절 숫자 ······ 5 지혜를 얻고, 총명을 사거라.
내 가르침을 잊지 말고, 그것
에서 떠나지 마라.
6 지혜를 잊지 마라. 그러면 지
혜가 너를 보호할 것이다. 지
혜를 사랑하면 그것이 너를 지
켜 줄 것이다.
7 지혜가 최고이니, 지혜를 사거
라. 네 모든 소유를 가지고 총
명을 사거라.
8 지혜를 존중하여라. 그러면 지
혜가 너를 높여 줄 것이다. 지
혜를 취하여라. 그러면 너를
영예롭게 해 줄 것이다.
9 지혜가 네 머리에 아름다운

35 지혜로운 사람은 영광을 얻지만, 어
리석은 사람은 수치를 당할 것이다.
4 아들들아, 너희는 아버지의 교훈을 ······ 장 숫자 수록
듣고, 순종하여 총명을 얻어라.
2 내가 너희에게 선한 가르침을 주
리니, 내 가르침을 잊지 마라.
3 내가 어려서 내 아버지에게 아들
이었고, 어머니의 온순한 사랑을
받는 자였을 때,
4 ······ 절 숫자 수록
5
6
7
8
9

필사하는 란에는 소제목을 쓰지 않습니다.

왼쪽 면의 성경 본문을 보면서 절에 맞춰 쓰시면 됩니다.

네 마음을 다하여 여호와를 신뢰하고,
절대로 네 슬기를 의지하지 마라.
너는 네 모든 길에서 그분을 인정하여라.
그러면 그분이 너의 길을
형통하게 만들어 주실 것이다.
스스로 지혜로운 체하지 말고,
여호와를 경외하고 악한 일은 피하여라.

(잠언 3:5-7)

Proverbs 잠언

머리말

1 이스라엘의 왕, 다윗의
아들, 솔로몬의 잠언입
니다.
2 이 글을 쓰는 것은 지혜와
교훈을 얻게 하고, 슬기로
운 가르침을 깨닫게 하고,
3 훈련과 지혜로운 생활을 얻
게 하고, 의롭고, 올바르고,
정직한 삶을 살며,
4 어리석은 자들에게는 사리
분별력을 주고, 젊은이에게
는 체험적인 지식과 옳은
것을 깨닫는 능력을 주기
위함이다.
5 지혜로운 사람은 듣고 학식
을 더할 것이며, 지각 있는
자는 모략을 얻을 것이다.
6 이로써 잠언과 비유, 지혜
자의 가르침, 그리고 오묘한
일들을 깨닫게 될 것이다.
7 여호와를 경외하는 것이 지
식의 시작이지만, 어리석은
자들은 지혜와 교훈을 멸시
한다.

솔로몬의 잠언

8 내 아들아, 네 아버지의 교
훈을 듣고, 네 어머니의 가
르침을 배척하지 마라.
9 그것은 네 머리에 쓸 아름

1

2

3

4

5

6

7

8

9

다운 화관이요, 네 목에 걸
목걸이다.
10 내 아들아, 죄인들이 너를 유
혹하더라도 따르지 마라.
11 저들이 이렇게 말할 것이다.
"같이 가서, 숨어 있다가 사
람을 잡자. 무조건 숨어서 죄
없는 사람을 기다리자.
12 우리가 저들을 무덤처럼 산
채로 삼켜 버리자! 지옥에 떨
어지는 자처럼 통째로 삼켜
버리자.
13 온갖 종류의 보물들을 취하
여, 우리 집을 약탈물로 채우
자.
14 너도 이 가운데서 제비를 뽑
아라. 우리 모두 한 부대씩 나
눠 가지자."
15 내 아들아, 저들과 같이 길을
다니지 말고 저들이 있는 곳
에 발도 내딛지 마라.
16 왜냐하면 저들의 발은 범죄하
러 내달리고, 저들은 사람 죽
이기에 재빠르기 때문이다.
17 새가 보는 앞에서 그물을 펼
치는 것은 헛수고가 아니냐?
18 이 사람들은 결국 자기 피를
흘리려고 숨어서 기다리며, 자
기 생명을 해하려고 기다릴
뿐이다.
19 옳지 않은 방법으로 이득을
노리는 자의 결과는 다 이러

10

11

12

13

14

15

16

17

18

19

하니, 결국 자기 생명만 해칠
뿐이다.

지혜의 말

20 지혜가 길거리에서 소리치고,
광장에서 외친다.
21 지혜가 성벽 위에서 소리치고,
성문 어귀에서 외친다.
22 "미련한 자들아, 언제까지 미
련하게 행동할 것이냐? 비웃
는 자들아, 언제까지 비웃음
을 즐기겠느냐? 어리석은 자
들아, 언제까지 지식을 미워하
겠느냐?
23 내 책망을 듣고 너희가 회개하
면, 내가 내 영을 너희에게 부
어 주고, 내 말들을 너희에게
깨닫게 해 줄 것이다.
24 내가 부를 때에 너희는 나를
배척했고, 내가 손을 펼쳤을
때에 너희는 들은 척도 하지
않았다.
25 너희는 내 조언을 무시하고,
내 책망을 받아들이지 않았다.
26 그러므로 나도 네가 재앙을 만
날 때에 비웃고, 두려운 일이
너를 덮칠 때에 조롱할 것이
다.
27 재앙이 폭풍같이 너를 덮치
고, 재난이 태풍같이 너에게
내리치며 좌절과 근심이 너에
게 닥쳐올 때,
28 그제서야 너희는 나를 부르겠

20

21

22

23

24

25

26

27

28

지만, 나는 대답하지 않을
것이다. 저들이 나를 찾겠
지만, 나를 찾지 못할 것이
다.
29 그것은 너희가 지식을 미워
하고, 여호와를 경외하는 것
을 택하지 않았기 때문이
다.
30 그것은 너희가 내 교훈을
받아들이지 않고, 내 책망
을 업신여겼기 때문이다.
31 그러므로 저들은 자기가 뿌
린 씨의 열매를 먹고, 자기
꾀의 결과로 배부를 것이다.
32 미련한 자들은 제멋대로 행
동하다 죽고, 어리석은 자
들은 태만히 행하다가 망할
것이다.
33 그러나 내 말을 순종하는
사람들은 안전하게 살고, 해
를 걱정하지 않고 평안할 것
이다."

지혜가 주는 상

2 내 아들아, 네가 내 말을
듣고, 내 명령을 마음에
깊이 간직한다면,
2 네 귀를 지혜에 기울이고,
네 마음을 총명에 둔다면,
3 네가 명철을 찾아 부르짖고,
총명을 찾아 외친다면,
4 은을 찾듯 네가 그것을 찾고
숨은 보화를 찾듯 한다면,

29

30

31

32

33

2

2

3

4

5 너는 여호와를 경외하는 법을 깨닫고, 하나님을 아는 지식을 찾을 것이다.

6 왜냐하면 여호와께서 지식을 주시고, 그분으로부터 지식과 총명이 나오기 때문이다.

7 그분은 정직한 사람들을 위해 성공을 예비하시고, 흠 없는 사람을 보호해 주시니,

8 그것은 그분이 의로운 사람의 길을 지키시고, 주께 충성하는 사람들의 길을 보호하시기 때문이다.

9 그러면 너는 무엇이 바르고, 의롭고, 공평한 것인지, 곧 모든 좋은 길을 깨닫게 될 것이다.

10 지혜가 네 마음에 들어가고, 지식이 네 영혼을 달콤하게 만들 것이다.

11 너의 분별력이 너를 지키며, 총명이 너를 보호할 것이다.

12 지혜가 악한 자의 길에서 너를 지키며, 악한 말을 내뱉는 자들로부터 너를 지킬 것이다.

13 그들은 바른길을 버리고, 어두컴컴한 길을 택하는 자들이며,

14 범죄를 즐기고, 악한 일을 좋아할 것이다.

15 저들의 길은 구불구불하고,
그들은 잘못된 길로 걷는다.
16 또한 지혜는 창녀로부터 너
를 지켜 주고, 유혹하는 말
로부터 너를 지켜 줄 것이다.
17 창녀는 젊은 시절의 남편을
떠나, 하나님 앞에서 한 서
약을 깨뜨린 자이다.
18 그녀의 집은 죽음에 이르는
길이며, 그녀의 길은 죽은 자
들의 영이 있는 곳으로 향한
다.
19 누구든지 그녀에게 가는 사
람은 돌이킬 수도, 생명의 길
에 이를 수도 없다.
20 그러므로 너는 선한 사람들
의 길을 걸으며, 의로운 사람
의 길에 굳게 서라.
21 정직한 사람은 땅에서 잘되
고, 흠 없는 사람은 성공한
다.
22 그러나 악한 사람은 땅에서
끊어지고, 사기꾼은 땅에서
뿌리째 뽑힐 것이다.

자녀에게 교훈하다

3 내 아들아, 내 가르침을
잊지 말고, 내 명령들을
네 마음에 소중히 간직하여
라.
2 그렇게 하면, 너는 오래 살
고, 성공하게 될 것이다.
3 너는 성실과 사랑을 절대 버

15

16

17

18

19

20

21

22

3

2

3

리지 말고, 그것을 네 목에 걸
고, 네 마음판에 잘 새겨라.
4 그리하면 네가 하나님과 사람
앞에서 은총과 칭찬을 받을
것이다.
5 네 마음을 다하여 여호와를
신뢰하고, 절대로 네 슬기를
의지하지 마라.
6 너는 네 모든 길에서 그분을
인정하여라. 그러면 그분이 너
의 길을 형통하게 만들어 주
실 것이다.
7 스스로 지혜로운 체하지 말고,
여호와를 경외하고 악한 일은
피하여라.
8 그것이 네 몸을 치료하고, 네
뼈들을 윤택하게 해 줄 것이
다.
9 네 재물과 네 수확물의 첫 열
매를 드려 여호와를 공경하여
라.
10 그러면 네 창고들이 차고 넘치
게 될 것이며, 네 포도주통들
이 포도주로 가득 찰 것이다.
11 내 아들아, 여호와의 징계를
멸시하지 말고, 그의 책망을
언짢게 여기지 마라.
12 여호와께서는 자신이 사랑하
는 자들을 징계하시되, 아버지
가 사랑하는 아들에게 하는
것과 같이 하신다.
13 지혜를 발견하고, 총명을 얻는

4

5

6

7

8

9

10

11

12

13

자는 복이 있다.
14 지혜는 은보다 더 소득이 많
고, 금보다 더 많은 이익을 준
다.
15 지혜는 보석보다 값지니, 네가
탐하는 그 어떤 것과도 비길
수 없다.
16 지혜의 오른손에는 장수가 있
고, 그 왼손에는 부와 명예가
있다.
17 지혜의 길은 즐거움의 길이며,
그 모든 길은 평안이다.
18 지혜는 그것을 붙잡는 자에게
생명나무가 되어 주며, 그것을
잡는 자에게 복을 준다.
19 여호와는 지혜로 땅의 기초를
세우셨고, 총명으로 하늘을
그 자리에 만드셨다.
20 그분의 지식으로 깊은 바다가
갈라지고, 구름에서 이슬이 내
린다.
21 내 아들아, 바로 판단하고 분
별하여, 그것을 한시도 잊지
마라.
22 그것을 너의 생명이자, 네 목
에 걸 목걸이로 삼아라.
23 그러면 너는 네 길에서 안전할
것이며, 발이 걸려 넘어지지 않
을 것이다.
24 네가 누울 때, 너는 두려워하
지 않고, 네가 누울 때, 네 잠
이 달 것이다.

14

15

16

17

18

19

20

21

22

23

24

25 너는 악인에게 갑작스럽게 닥
치는 재난이나 파멸을 조금
도 두려워하지 마라.
26 여호와는 너의 의지가 되시
고, 네 발이 올무에 걸려 넘
어지지 않도록 지키실 것이
다.
27 네게 행할 능력이 있거든, 도
움이 필요한 사람에게 기꺼
이 도움을 주어라.
28 네게 지금 물건이 있다면, 네
이웃에게 "갔다가 다시 오게
나. 내일 주겠네"라고 말하지
마라.
29 네 이웃이 평안히 네 곁에서
살거든, 네 이웃을 해칠 음모
를 꾸미지 마라.
30 너에게 해를 끼치지 않은 사
람을 아무 까닭 없이 비난하
지 마라.
31 난폭하게 구는 사람을 부러
워하거나 그의 행위를 본받
지 마라.
32 여호와께서는 비뚤어진 사람
을 가증히 여기시고, 정직한
사람을 신뢰하신다.
33 여호와께서는 악인의 집은
저주하시지만, 의인의 집에는
복을 주신다.
34 그분은 교만한 자를 비웃으
시고, 겸손한 자에게 은혜를
주신다.

25

26

27

28

29

30

31

32

33

34

35 지혜로운 사람은 영광을 얻지
만, 어리석은 사람은 수치를
당할 것이다.

지혜의 중요성

4 아들들아, 너희는 아버지
의 교훈을 듣고, 순종하여
총명을 얻어라.
2 내가 너희에게 선한 가르침을
주리니, 내 가르침을 잊지 마
라.
3 내가 어려서 내 아버지에게 아
들이었고, 어머니의 온순한 사
랑을 받는 자였을 때,
4 아버지는 내게 이렇게 가르쳐
주셨다. "너는 내 가르침을 마
음에 굳게 새겨, 내 명령들을
지켜라. 그러면 살 것이다.
5 지혜를 얻고, 총명을 사거라.
내 가르침을 잊지 말고, 그것
에서 떠나지 마라.
6 지혜를 잊지 마라. 그러면 지
혜가 너를 보호할 것이다. 지
혜를 사랑하면 그것이 너를 지
켜 줄 것이다.
7 지혜가 최고이니, 지혜를 사거
라. 네 모든 소유를 가지고 총
명을 사거라.
8 지혜를 존중하여라. 그러면 지
혜가 너를 높여 줄 것이다. 지
혜를 취하여라. 그러면 너를
영예롭게 해 줄 것이다.
9 지혜가 네 머리에 아름다운

35

4

2

3

4

5

6

7

8

9

화관을 씌워 주며, 영화로운
면류관을 줄 것이다."
10 내 아들아, 내가 하는 말을 귀
담아들어라. 그러면 너의 생명
이 길 것이다.
11 나는 너를 지혜의 길로 인도하
고, 곧은 길로 이끌 것이다.
12 네가 걸을 때, 네 걸음이 방해
받지 않고, 네가 달릴 때, 넘어
지지 않을 것이다.
13 교훈을 굳게 붙들고, 놓지 마
라. 교훈을 잘 지켜라. 그것이
네 생명이다.
14 악한 사람들의 길에 발도 들여
놓지 말고, 악인들의 길로 다
니지 마라.
15 그 길을 피하고 그 길에 서지
마라. 그 길에서 돌이켜 지나
가라.
16 저들은 죄를 짓지 않으면 자지
못하며, 남을 쓰러뜨리지 않으
면 잠도 오지 않는 사람들이
다.
17 저들은 부정하게 얻은 음식을
먹고, 폭력으로 얻은 술을 마
신다.
18 의인의 길은 동틀 때의 첫 햇
살 같아서, 점점 환해져 정오
의 해같이 될 것이다.
19 악인들의 길은 짙은 어둠 같아
서, 무엇에 걸려 넘어졌는지도
모른다.

10

11

12

13

14

15

16

17

18

19

20 내 아들아, 내가 하는 말에 귀
를 기울여라. 내 말들을 귀담
아 들어라.
21 내 말을 잊지 말고 네 마음속
깊이 간직하여라.
22 내 말은 깨닫는 자에게 생명이
되고 온몸을 건강하게 해 준다.
23 무엇보다 네 마음을 지켜라. 이
는 생명의 근원이 마음에서부
터 흘러 나오기 때문이다.
24 더러운 말을 피하고 거짓말을
하지 마라.
25 앞만 바라보고 네 앞에 놓여져
있는 것에 시선을 두어라.
26 너의 발걸음을 곧게 하고 네 모
든 길을 곧게 하여 안전하게 행
하라.
27 곁길로 벗어나지 말고, 네 발을
악으로부터 멀리하여라.

간음에 대한 경고

5 내 아들아, 내 지혜에 주목
하고, 내 명철에 네 귀를 기
울여라.
2 그러면 네가 늘 분별력을 갖게
되어 네 입은 지혜로운 말만 할
것이다.
3 간음녀의 입술은 꿀과 같이 달
콤하고, 기름보다 더 매끄럽지
만,
4 결국에는 독처럼 쓰고, 양쪽에
날이 선 칼같이 날카롭게 된다.
5 그녀의 두 발은 죽음을 향하

20

21

22

23

24

25

26

27

5

2

3

4

5

고, 그녀의 걸음은 곧장 무덤
으로 향한다.
6 그녀는 생명의 길에는 관심이
없고, 굽은 길을 걸으면서도
그 길이 굽었는지 깨닫지 못한
다.
7 그런즉, 내 아들아, 내 말을 듣
고, 내가 말하는 것에서 벗어
나지 마라.
8 그런 여자를 멀리하고 그녀의
집 근처에는 얼씬거리지도 마
라.
9 네 명예를 다른 사람들에게
빼앗기고, 네 목숨을 잔인한
자에게 빼앗길까 두렵다.
10 다른 사람들이 네 재산을 탕
진하고, 네 수고가 다른 사람
의 재산만 불어나게 할까 두렵
다.
11 마지막에 네 몸이 병든 뒤, 너
는 탄식할 것이다.
12 그때, 너는 말할 것이다. "어째
서 내가 교훈을 싫어하고, 꾸
지람을 업신여겼을까?
13 어째서 선생님의 말씀을 듣지
않고, 스승들의 말도 귀담아
듣지 않았을까?
14 모든 사람들 가운데서 나만
멸망에 빠지게 되었구나!"
15 너는 네 우물에서 물을 마시며
네 샘에서 흐르는 물만 마셔
라.

6

7

8

9

10

11

12

13

14

15

16 어찌 네 샘물이 길에 흘러넘치
게 하며 네 물이 광장에 넘치
게 하겠느냐?
17 그 물은 너 혼자 마시고, 다른
사람들과 함께 마시지 마라.
18 네 샘을 복되게 하고, 네가 젊
어서 얻은 아내를 즐거워하여
라.
19 그녀는 사랑스러운 암사슴이
고, 아름다운 암노루이다. 너
는 그녀의 젖가슴을 항상 만
족하게 여기고 항상 그녀의 사
랑에 만족하여라.
20 내 아들아, 네가 어찌 창녀에
게 매혹당하여 남의 아내를
품에 안겠느냐?
21 여호와는 사람의 모든 길을
다 보고 검사하신다.
22 악인은 자기의 악한 행실로
인해 함정에 빠지고, 그 죄는
자신을 붙들어 매는 밧줄이
되고 만다.
23 악인은 교훈을 받지 않는 까
닭에 죽게 되고, 자신의 큰 어
리석음 때문에 망하고 말 것
이다.

어리석은 자들을 조심하라

6 내 아들아, 만약 네가 네
이웃에 빚 보증을 서고, 다
른 사람을 위해 증인이 되었
다면,
2 너는 네 말 때문에 덫에 걸린

16

17

18

19

20

21

22

23

6

2

것이다.
3 내 아들아, 너는 네 이웃의
손아귀에 사로잡혔으니, 가
서 이렇게 하여라. 겸손하게
엎드려서 네 이웃에게 간절
히 부탁하여 거기서 빠져 나
오도록 하여라.
4 네 눈이 잠들지 않게 하고,
네 눈꺼풀도 감기지 않게
하여라.
5 노루가 사냥꾼의 손에서 벗
어나듯, 새가 그물치는 자의
손에서 벗어나듯 빠져 나와
라.
6 게으른 자여, 개미가 하는
것을 잘 보고 지혜를 얻어라.
7 개미는 지도자도, 장교도,
통치자도 없지만,
8 여름에는 먹이를 준비하고,
추수 때에는 그 음식을 모은
다.
9 게으른 자여, 네가 언제까지
누워 뒹굴겠느냐? 네가 언제
쯤 잠에서 깨겠느냐?
10 "좀 더 자자, 조금만 더 눈을
붙이자. 일손을 멈추고 조금
만 더 쉬자" 하면
11 네게 가난이 강도 떼처럼, 궁
핍이 군대처럼 들이닥칠 것
이다.
12 불량하고 악한 사람은 남을
헐뜯고 돌아다닌다.

3

4

5

6

7

8

9

10

11

12

13 그는 눈짓, 발짓, 손짓으로 남
을 속인다.
14 그는 비뚤어진 마음으로 죄를
저지르고 자나깨나 싸움을 벌
인다.
15 그러므로 갑자기 그에게 재앙
이 임하고, 순식간에 망하고
말 것이다.
16 여호와께서 미워하시는 것, 곧
싫어하시는 것 예닐곱 가지가
있다.
17 그것은 교만한 눈, 거짓말하는
혀, 죄 없는 사람을 죽이는 손,
18 악한 일을 꾸미는 마음, 범죄
하러 급히 달려가는 발,
19 거짓말하는 거짓 증인, 형제
사이를 이간질하는 사람이다.
20 내 아들아, 네 아버지의 명령
을 지키고, 네 어머니의 가르
침을 잊지 마라.
21 그것을 네 마음에 영원히 간직
하고 네 목에 영원히 매달아
라.
22 네가 걸을 때, 그것이 너를 인
도하겠고, 네가 잘 때, 그것이
너를 지켜 주며, 네가 깰 때,
그것이 네게 말할 것이다.
23 이 명령은 등불이요, 이 가르
침은 빛이요, 이 교훈은 생명
의 길이다.
24 이것들이 너를 부도덕한 여인
에게서, 바람난 여인의 매끄러

13

14

15

16

17

18

19

20

21

22

23

24

운 혀에서 지켜 줄 것이다.
25 너는 그런 여자의 아름다움을
탐내지 말고, 그 눈길에 매혹
당하지 마라.
26 왜냐하면 너는 창녀 때문에
빵 한 조각을 구걸하게 되고,
너의 목숨까지 위협당할 것이
기 때문이다.
27 사람이 불을 가슴에 품고, 자
기 옷을 태우지 않을 수 있겠
느냐?
28 사람이 데지 않고, 타는 숯불
위를 걸을 수 있겠느냐?
29 남의 아내와 함께 잠자는 사
람도 이와 같으니, 남의 여자
를 건드리는 사람은 벌을 받
을 것이다.
30 허기진 배를 채우기 위해 도둑
질하면 용서를 받을 수는 있으
나,
31 훔치다 잡히면 일곱 배를 갚
아야 하고, 돈이 없으면 자기
집의 좋은 것들을 모두 주어
야 할 것이다.
32 그러나 간음하는 자는 정신이
나간 사람으로, 자기 영혼을
망치는 사람이다.
33 그런 일을 하다가 잡히는 사람
은 매를 맞고 수치를 당하여,
그 부끄러움이 영원히 지워지
지 않을 것이다.
34 그 남편이 질투심에 불타 보복

25

26

27

28

29

30

31

32

33

34

할 때, 눈에 무엇이 보이겠
는가?
35 아무리 많은 보상이나 온갖
선물을 준다 해도 그 분노
가 풀리지 않을 것이다.

음녀의 유혹을 경계함

7 내 아들아, 내 말을 따
르고, 내 명령들을 네
마음속에 깊이 간직하여라.
2 내 명령을 지키면 너는 살
것이다. 내 가르침을 네 눈
동자같이 지켜라.
3 그것을 네 손가락에 매어,
네 마음판에 새겨라.
4 지혜를 너의 누이라 하고,
총명을 너의 친척이라 칭하
여라.
5 그것들이 너를 창녀의 유혹
에서 지켜 줄 것이다.
6 내가 우리 집 창문에서 밖
을 내다보다가,
7 미련한 젊은이들 가운데서,
한 정신 나간 젊은이를 보
았다.
8 그는 길모퉁이를 지나, 창녀
의 집 쪽으로 걷고 있었다.
9 날이 저무는 황혼녘에, 어
둠이 찾아들 때쯤,
10 한 여인이 창녀처럼 꾸미고,
그 남자를 유혹하기 위해
그에게로 다가왔다.
11 그 여자는 집에 붙어 있지

35

7

2

3

4

5

6

7

8

9

10

11

않고 멋대로 돌아다니며,
12 때로는 거리에서, 때로는 광
장에서, 때로는 길모퉁이에
서, 유혹할 사람을 기다린
다.
13 그 여인이 그를 붙잡고 입맞
추며, 부끄러움도 없이 말한
다.
14 "화목제 고기가 집에 있어
요. 난 서약한 제사를 드렸
거든요.
15 그래서 당신을 찾으러 나왔
다가 이렇게 만났답니다.
16 내 침대에는 이집트에서 만
든 화려한 이불들이 깔려 있
고
17 그 위에 몰약, 침향, 계피향
을 뿌려 놓았어요.
18 들어가요. 아침까지 마음껏
사랑하며 즐겨요.
19 남편은 먼 여행을 떠나고 집
에 없답니다.
20 지갑에 잔뜩 돈을 채워서 떠
났으니 보름이나 되어야 돌
아올 거예요."
21 그녀는 달콤한 말로 이 젊은
이를 유혹하여 그를 넘어가
게 했다.
22 그 젊은이가 그녀를 선뜻 따
라가니, 도살장으로 끌려가
는 황소와 같고, 올가미에 올
무에 걸려든 수사슴 같구나.

12

13

14

15

16

17

18

19

20

21

22

23 결국 화살이 그 심장에 꽂힐
것이다. 그것은 그물을 향해 날
아드는 새가 자기 생명의 위험
을 알지 못하는 것과 같구나.
24 아들들아, 이제 내 말을 듣고
내 입의 가르침에 귀를 기울여
라.
25 너희 마음을 창녀의 길로 향하
게 하지 말고 그녀가 있는 길에
서 서성이지 마라.
26 그 여자는 많은 사람을 희생시
켰고, 그녀가 죽인 자는 셀 수
도 없다.
27 그녀의 집은 무덤에 내려가는
길이며, 사망의 방으로 이르게
한다.

지혜에 귀기울이라

8 지혜가 부르지 않느냐? 명
철이 소리치지 않느냐?
2 길가 높은 곳에서, 사거리에서
지혜가 서서 외치지 않느냐?
3 성문들 곁에서, 여러 출입문 밖
에서 지혜가 소리친다.
4 "사람들아, 내 말을 들어라. 인
생들아, 내 목소리를 들어라.
5 어리석은 자들아, 명철을 얻어
라. 미련한 자들아, 지식을 깨
달아라.
6 너희는 내 말에 귀를 기울여라.
내가 말해 줄 값진 것이 있다.
내가 하는 모든 말이 옳은 것
이다.

23

24

25

26

27

8

2

3

4

5

6

7 내 입은 진실을 말하고, 나
는 악을 미워한다.
8 내가 하는 말은 모두 의로우
며 그 가운데 잘못되거나
왜곡된 것이 없다.
9 나의 말은 분별력이 있는 사
람에게 쉬우며 지식을 배우
려고 하는 자들에게는 명확
하다.
10 은 대신에 내 교훈을, 금 대
신에 지식을 택하여라.
11 지혜는 보석보다 값지니, 네
가 탐내는 그 어떤 것도 지
혜와 비길 수 없다.
12 나 지혜는 명철과 함께 살
며, 지식과 분별력도 갖고
있다.
13 여호와를 경외하는 것은 악
을 미워하는 것이다. 나는
교만과 거만, 악한 행실과
거짓된 말을 미워한다.
14 내게는 모략과 바른 판단이
있으며, 명철과 능력도 있
다.
15 왕들이 나를 통해 나라를
다스리며, 통치자들이 나를
통해 바른 법령을 제정한다.
16 나를 통해 고관들, 즉 지도
자들이 세상을 다스린다.
17 나는 나를 사랑하는 자들
을 사랑하며, 나를 찾는 자
들이 나를 발견할 것이다.

7

8

9

10

11

12

13

14

15

16

17

18 부귀와 영예, 수많은 재물과
형통함도 내게 있다.
19 내 열매는 정금보다 나으며, 나
의 유익은 순은보다 더 크다.
20 나는 의로운 길과 공의의 길을
걸으며,
21 나를 사랑하는 자들에게 엄청
난 재물을 주어 그들의 금고를
가득 채워 준다.
22 여호와께서 모든 것을 창조하
시기에 앞서 태초에 나를 가지
고 계셨다.
23 영원 전, 맨 처음에, 세상이 시
작되기 전에 나는 세워졌다.
24 아직 대양들이 있기 전, 샘들
이 있기 전, 내가 태어났다.
25 산들이 제자리에 세워지기 전,
언덕들이 만들어지기 전, 내가
생겨났으니,
26 하나님이 세상과 들판을 만드
시기 전, 세상의 먼지를 만드
시기 전이다.
27 그분이 하늘을 제자리에 두실
때, 깊은 바다 둘레에 테를 두
르실 때, 내가 그곳에 있었다.
28 그분이 구름을 위에 두시고,
바다의 샘을 확실히 정하실
때,
29 그분이 바다의 한계를 명하셔
서 물이 그 경계를 넘지 못하
게 하실 때, 그분이 세상의 토
대를 세우실 때,

18

19

20

21

22

23

24

25

26

27

28

29

30 나는 그분 곁에서 건축사가
되어 매일 기쁨으로 충만하였
고, 항상 그분 앞에서 춤추며,
31 그분이 만드신 온 땅에서 춤
추며, 사람들에게서 기쁨을
얻었다.
32 이제 아들들아, 내 말을 들어
라. 내 길을 지키는 자들은 복
이 있다.
33 교훈을 듣고 지혜를 얻어라.
그것을 소홀히 하지 마라.
34 내 말을 순종하는 자는 행복
하다. 날마다 문간에서 기다
리며, 내 문에서 기다리는 자
는 복이 있다.
35 나를 찾는 자는 생명을 얻고,
여호와께 은총을 받을 것이
다.
36 그러나 나를 찾지 못하는 자
는 자신을 해치는 자이고, 나
를 미워하는 자는 사망을 사
랑하는 자이다."

어리석은 자와 지혜로운 자

9 지혜가 일곱 기둥을 깎아
서, 자기 집을 건축하였다.
2 지혜가 짐승을 잡고, 혼합한
포도주로 상을 차리고,
3 자기 여종을 보내어, 마을 높
은 곳에서 소리쳐 사람들을
초대하게 하였다.
4 "어리석은 자는 누구나 이리
로 오시오." 지혜 없는 사람들

에게 지혜가 말했다.
5 "와서, 준비한 음식을 먹고
포도주를 마셔요.
6 어리석음을 버리고 거기에서
멀리 떠나세요. 그러면 살 것
입니다. 명철의 길을 걸으세
요."
7 비웃는 자를 꾸짖는 사람은
오히려 모욕을 받게 될 것이
고, 악한 사람을 책망하는
사람은 해를 입을 것이다.
8 비웃는 자를 꾸짖지 마라.
오히려 미움만 산다. 지혜로
운 사람을 꾸짖어라. 그는
네 꾸지람을 고맙게 생각할
것이다.
9 지혜로운 사람을 훈계하여
라. 그는 더 지혜롭게 될 것
이다. 의로운 사람을 가르쳐
라. 그는 더 많이 배울 것이
다.
10 여호와를 경외함이 지혜의
근본이요, 거룩한 분을 아
는 것이 명철의 시작이다.
11 나 지혜를 통해서 네가 오래
살고, 네 생명이 길어질 것이
다.
12 네가 만일 지혜롭다면, 지혜
가 네게 유익하지만, 만약 네
가 거만하다면, 너만 손해를
볼 것이다.
13 미련한 여인은 시끄럽고, 제

5

6

7

8

9

10

11

12

13

멋대로 하면서 부끄러움을 깨
닫지 못한다.
14 그 여인은 집의 대문이나 마을
높은 곳에 앉아서,
15 자기 길을 똑바로 지나가는 사
람들을 불러,
16 "어리석은 자는 누구나 이리
로 오세요"라고 말한다. 또 지
혜 없는 사람들에게 이렇게 말
한다.
17 "훔친 물이 더 달고, 몰래 먹
는 음식이 더 맛있어요!"
18 그러나 어리석은 자들은 그녀
의 손님들이 무덤 깊이 있다는
것을 알지 못한다.

솔로몬의 잠언

10 솔로몬의 잠언입니다.
지혜로운 아들은 자기
아버지를 기쁘게 하지만, 어리
석은 아들은 자기 어머니의 근
심이다.
2 부정하게 얻은 소득은 무가치
하지만, 의롭게 살면 생명을
구한다.
3 여호와께서 의로운 사람은 굶
주리지 않게 하시지만, 악인의
탐욕은 물리치신다.
4 게으른 손은 가난하게 만들
고, 부지런한 손은 부유하게
만든다.
5 여름에 일하는 사람은 지혜롭
지만, 추수 때에 잠자는 사람

14

15

16

17

18

10

2

3

4

5

은 부끄러움을 당한다.
6 의인의 머리에는 복이 임하
지만, 악인의 입에는 난폭한
말이 숨어 있다.
7 의인을 기억하는 것은 복된
일이지만, 악한 사람의 이름
은 곧 기억에서 사라진다.
8 마음이 지혜로운 자는 명령
에 순종하지만, 미련한 수다
쟁이는 망할 뿐이다.
9 똑바로 걷는 자는 안전하게
걷지만, 굽은 길을 걷는 자
는 악행이 모두 드러난다.
10 눈짓하는 사람은 문제를 만
들고, 미련한 수다쟁이는 망
할 것이다.
11 의인의 입은 생명샘이지만,
악인의 입에는 난폭한 말이
숨어 있다.
12 미움은 다툼을 일으키나, 사
랑은 모든 허물을 덮는다.
13 명철한 사람의 입술에는 지
혜가 있지만, 지혜 없는 자
의 등은 채찍으로 때려야 한
다.
14 지혜로운 사람은 지식을 담
고 있지만, 미련한 자의 입
은 파멸을 가져온다.
15 부자의 재물은 그에게 안전
한 성과 같지만, 가난한 자
의 빈궁은 그에게 파멸을 가
져다 준다.

6

7

8

9

10

11

12

13

14

15

16 의인의 품삯은 생명이지만,
악인은 죄값만 받게 될 것이
다.
17 책망을 듣는 자는 생명길로
가지만, 책망을 무시하는 자
는 길을 잃고 방황한다.
18 미움을 감추는 자는 거짓 입
술을 가진 사람이요, 남을
헐뜯는 자는 바보이다.
19 말이 많으면 죄가 생기지만,
자기 혀를 잘 조절하는 자는
지혜롭다.
20 의인의 혀는 최고의 은이지
만, 악인의 마음은 무가치하
다.
21 의인의 입술은 많은 사람을
가르치지만, 미련한 자는 지
식이 없어 죽고 만다.
22 여호와의 복으로 부자가 되
면 그 재물에는 근심이 따르
지 않는다.
23 미련한 자는 악한 행동에서
쾌락을 찾지만, 슬기로운 자
는 지혜에서 즐거움을 얻는
다.
24 악인은 두려워하는 것을 당
하게 되고, 의인은 그 바라
는 것을 얻게 된다.
25 폭풍이 지나갈 때, 악인은
같이 휩쓸려 사라지나, 의인
은 영원히 견고하다.
26 게으른 종은 그 주인에게 고

16

17

18

19

20

21

22

23

24

25

26

통이 된다. 그들은 눈에 매운
연기 같고, 상한 이빨에 신 포
도주 같다.
27 여호와를 경외하면 오래 살지
만, 악인은 오래 살지 못한다.
28 의인의 소망은 이루어져 즐거
움을 주나, 악인의 소망은 끊
어진다.
29 여호와의 가르침은 의인의 피
난처가 되지만, 악을 행하는
사람에게는 파멸의 원인이 된
다.
30 의인은 결코 뿌리가 뽑히지 않
으나, 악인은 땅에서 오래 살
지 못한다.
31 의인의 입은 지혜를 말하지만,
사악한 혀는 잘릴 것이다.
32 의인의 입술은 적절한 말을 하
지만, 악인의 입은 사악한 것
만 말한다.

11 여호와께서는 속이는
저울은 미워하시나, 정
확한 저울추는 기뻐하신다.
2 교만한 자는 수치를 당하나,
겸손한 자는 지혜롭다.
3 정직한 사람은 성실하여 형통
하나, 사기꾼은 자기 꾀로 말
미암아 스스로 망한다.
4 재물이 많아도 하나님이 노하
시면 아무 쓸모가 없지만, 의
로운 삶은 죽을 자리에서도 목
숨을 건진다.

5 흠 없는 사람의 의로운 삶은
그의 앞길을 환하게 만들지
만, 악인은 자기 악행으로 망
하고 만다.
6 정직한 사람의 의로운 행실
은 그를 구원하지만, 사기꾼
은 자기의 악한 생각에 스스
로 걸려 넘어진다.
7 악인은 죽을 때에 그의 소망
도 함께 사라지고, 하나님을
저버린 자가 거는 모든 기대
는 허무하다.
8 의인은 재난에서 구원받고,
오히려 그 재난은 악인에게
돌아간다.
9 하나님을 저버린 자는 그 입
으로 자기 이웃을 해치지만,
의인은 지혜롭게 피한다.
10 의인이 잘되면 마을이 기뻐하
고, 악인이 망하면 사람들이
즐거워 소리친다.
11 정직한 자의 축복을 통해 마
을 전체가 자랑스럽게 되지
만, 악인의 입은 그 마을을
망하게 한다.
12 지혜 없는 사람은 자기 이웃
을 비웃지만, 슬기로운 자는
자기 혀에 재갈을 물린다.
13 할 일 없이 남을 헐뜯는 사람
은 남의 비밀을 드러내지만,
진실한 사람은 비밀을 지킨
다.

5

6

7

8

9

10

11

12

13

14 지혜로운 지도자가 없으면 나
라가 망하여도, 조언자들이 많
으면 그 나라가 평화롭다.
15 남을 위해 보증 서는 사람은
손해를 보지만, 그것을 거절하
는 사람은 안전하다.
16 덕이 있는 여인은 존경을 받
고, 무자비한 남자들은 재물
을 얻는다.
17 남에게 인자하게 대하면 자기
도 잘되지만, 잔인한 사람은
재앙을 불러들인다.
18 악인이 얻는 소득은 허무하나,
의를 행하는 사람은 확실한
보상을 받는다.
19 늘 의롭게 살면 생명을 얻지
만, 악을 행하는 사람은 죽고
만다.
20 여호와께서는 마음이 비뚤어
진 사람을 미워하시나, 바른
길을 행하는 사람을 보면 기뻐
하신다.
21 악인은 반드시 처벌을 받지만,
의로운 사람은 구원을 받을 것
이다.
22 외모가 아름다운 여인이 제멋
대로 행동하는 것은 돼지코의
금고리와 같다.
23 의인의 소원은 성취되지만, 악
인의 소망은 하나님의 진노만
가져온다.
24 후하게 베푸는 사람은 더 많

14

15

16

17

18

19

20

21

22

23

24

이 얻지만, 인색하게 구는 사
람은 가난해질 뿐이다.
25 후한 사람은 잘되고, 남을
기분 좋게 하는 자는 자기의
기분도 좋아진다.
26 어려움이 있을 때에 곡식을
혼자 차지하는 자는 사람들
의 저주를 받지만, 기꺼이
나누는 사람은 축복을 받는
다.
27 선을 간절히 구하는 사람은
은총을 입지만, 악을 찾는
자에게는 재앙이 임한다.
28 자기 재물을 의지하는 사람
은 넘어지나, 의인은 푸른 잎
사귀처럼 번성할 것이다.
29 자기 가족을 괴롭히는 자는
바람을 상속받고, 바보는 지
혜로운 사람의 종이 되고 말
것이다.
30 의인의 열매는 생명나무이
며, 지혜로운 자는 사람을
얻는다.
31 의인들도 세상에서 죄값을
받는데, 하나님을 저버린 죄
인들이야 무엇을 더 말하겠
는가!

12 징계를 달게 받는 사
람은 슬기롭지만, 책
망을 싫어하는 자는 어리석
다.
2 선한 사람은 여호와께 은총

25

26

27

28

29

30

31

12

2

을 얻지만, 악을 행하는 사람
은 여호와께서 심판하신다.
3 죄를 짓는 사람은 견고하지
못하나, 의인의 뿌리는 결코
뽑히지 않는다.
4 덕이 있는 아내는 그 남편에
게 영광스런 면류관과 같으
나, 부덕한 여인은 남편의 뼈
를 썩게 하는 것과 같다.
5 의인의 생각은 의롭지만, 악
인은 남을 해칠 생각만 한다.
6 악인은 숨어서 사람을 죽이
려고 하지만, 의인은 사람을
살리려고 한다.
7 악인은 넘어지면 다시 일어
서지 못하지만, 의인의 집은
흔들림이 없다.
8 사람은 그 지혜대로 칭찬을
받겠지만, 마음이 비뚤어진
사람은 멸시를 받는다.
9 부자이면서 아무것도 없는
듯 행동하는 것이 가난뱅이
가 무엇인가 가진 듯 행동하
는 것보다 낫다.
10 의인은 자기 짐승의 생명까
지도 중하게 여기지만, 악인
은 고작 생각한다는 것이 사
람을 잔인하게 괴롭히는 일
뿐이다.
11 자기 토지를 경작하는 사람
은 먹을 양식이 넉넉하겠지
만, 허영을 좇는 자는 정신

이 없는 자이다.
12 악인은 부정한 이익을 탐하
여도, 의인은 형통한다.
13 악인은 자기의 더러운 말 때
문에 올무에 걸리지만, 의인
은 재앙을 피한다.
14 입술을 잘 열면 좋은 것으로
배부르고, 반드시 자기 손이
행하는 대로 보상을 받는
다.
15 미련한 자는 자기 행동이 바
르다고 여기지만, 지혜로운
자는 남의 조언을 귀담아듣
는다.
16 미련한 자는 참지 못하고 발
칵 성을 내지만, 슬기로운 사
람은 수치를 당해도 참는다.
17 진실한 증인은 정직하게 증
언하지만, 거짓 증인은 거짓
말을 내뱉는다.
18 되는 대로 하는 말은 비수처
럼 찌르지만, 지혜로운 자의
혀는 상한 마음을 고쳐 준
다.
19 진실한 입술은 영원히 남지
만, 거짓된 혀는 곧 사라지고
만다.
20 악을 꾀하는 자의 마음에는
거짓이 있지만, 평안을 추구
하는 자의 마음에는 즐거움
이 있다.
21 의인은 해를 당하지 않으나,

12

13

14

15

16

17

18

19

20

21

악인에게는 많은 재앙이 있
다.
22 여호와께서는 거짓된 입술
을 미워하시지만, 진실한 사
람은 기뻐하신다.
23 슬기로운 사람은 자기 지식
을 잘 드러내지 않지만, 미
련한 자는 자기 미련을 드러
낸다.
24 부지런한 사람은 남을 다스
리겠지만, 게으름뱅이는 남
의 종노릇이나 할 것이다.
25 마음에 근심이 있으면 절망
에 빠지지만, 격려의 말은
그를 다시 일으켜 준다.
26 의인은 이웃을 바른길로 인
도하지만, 악인은 자기 스스
로 불행한 길로 나아간다.
27 게으른 사람은 자기가 잡은
사냥감도 요리하기 싫어하
지만, 부지런한 사람은 보
화를 캔다.
28 의로운 길에는 생명이 있고,
그 길에는 사망이 없다.

13 지혜로운 아들은 자
기 아버지의 교훈에
순종하지만, 거만한 아들은
책망을 듣지 않는다.
2 입술을 잘 열면 좋은 것을
먹지만, 사기꾼은 늘 폭력을
휘두를 생각만 한다.
3 자기 입을 잘 지키는 사람은

22

23

24

25

26

27

28

13

2

3

생명을 보존하지만, 입술을
함부로 여는 사람은 망한다.
4 게으른 사람은 원하는 것을
얻지 못하지만, 부지런한 사
람은 원하는 대로 얻는다.
5 의인은 거짓을 미워하지만,
악인은 수치와 모욕을 당한
다.
6 행위가 온전한 사람은 의가
보호하지만, 악인은 죄 때문
에 망한다.
7 부자인 체하나 아무것도 없
는 사람이 있는가 하면, 가난
한 체하여도, 부자인 사람이
있다.
8 부자는 자기 재물로 생명을
구할지도 모르나, 가난한 사
람은 위협받을 일이 없다.
9 의인의 빛은 환하게 빛나지
만, 악인의 등불은 꺼진다.
10 교만은 다툼을 초래하나, 충
고를 잘 듣는 사람에게는 지
혜가 있다.
11 부정하게 쌓은 재물은 점점
줄어드나, 힘들여 모은 돈은
점점 증가한다.
12 소망이 좌절되면 마음에 병
이 들지만, 소망이 이루어지
면 그 안에 생명이 있고 기쁨
이 넘치게 된다.
13 말씀을 멸시하는 자는 파멸
에 이르지만, 명령을 존중하

4

5

6

7

8

9

10

11

12

13

는 자는 보상을 받는다.
14 지혜자의 가르침은 생명샘
같아서, 사람을 사망의 올무
에서 건져 준다.
15 슬기로운 마음은 은총을 입
지만, 사기꾼의 앞길은 험난
하기만 하다.
16 슬기로운 사람은 매사에 신
중하나, 어리석은 사람은 자
기 미련을 드러낸다.
17 못된 심부름꾼은 재앙을 가
져오나, 신실한 심부름꾼은
평안을 가져다 준다.
18 징계를 무시하는 자는 가난
과 수치를 당하지만, 책망을
달게 받는 자는 존귀하게 된
다.
19 소원을 성취하면 마음이 즐
거우나, 어리석은 자들은 악
에서 떠나기를 싫어한다.
20 지혜로운 자들과 함께 걸으
면 지혜롭게 되지만, 어리석
은 자들과 친구가 되면 해만
당한다.
21 재앙은 죄인을 찾아다니고,
선한 보상은 의인을 따라다
닌다.
22 선한 사람은 자기 재산을 후
손 만대에 물려주지만, 죄인
의 재산은 의인에게 돌아간
다.
23 가난한 사람은 열심히 노력

14

15

16

17

18

19

20

21

22

23

하여 양식이 많아지지만, 불
의한 사람은 재산을 모두 잃
게 된다.
24 회초리를 들지 못하는 사람
은 자기 자식을 미워하는 자
니, 자기 자식을 사랑하는 부
모는 부지런히 자식을 훈련시
킨다.
25 의인은 배불리 먹으나, 악인
은 항상 배고프다.

14 지혜로운 여인은 자기
집을 번영하게 하지만,
미련한 여인은 자기 손으로
집을 망친다.
2 정직하게 행하는 사람은 여
호와를 경외하지만, 행위가
악한 사람은 그분을 멸시한
다.
3 미련한 사람은 말 때문에 자
기 등에 회초리를 맞으나, 지
혜로운 자의 입술은 자신을
보호한다.
4 소가 없으면 외양간이 깨끗
하겠지만, 소의 힘으로 얻는
것이 많다.
5 진실한 증인은 거짓말을 하
지 않지만, 거짓 증인은 거짓
말을 밥먹듯 내뱉는다.
6 거만한 자는 지혜를 찾아도
발견하지 못하나, 명철한 사
람은 쉽게 지식을 얻는다.
7 어리석은 자에게서 속히 떠

24

25

14

2

3

4

5

6

7

나라. 그의 입술에서 무슨
배울 것이 있겠는가?
8 슬기로운 사람의 지혜는 그
의 길을 밝혀 주지만, 어리석
은 자의 미련은 속이는 것뿐
이다.
9 미련한 사람은 죄 용서받는
일을 비웃지만, 정직한 사람
들은 은총을 입는다.
10 마음의 고통은 남이 모르
고, 기쁜 마음도 역시 모른
다.
11 악인의 집은 망하지만, 정직
한 자의 살림은 번창한다.
12 어떤 길은 사람이 보기에 좋
아 보여도, 결국은 죽음의
길이다.
13 웃을 때도 고통이 숨어 있
고, 기쁨의 끝에도 슬픔이
있다.
14 마음이 비뚤어진 사람은 행
한 대로 보응을 받겠고, 선
한 사람도 자기 행실로 보상
을 받는다.
15 미련한 자는 남의 말을 곧이
곧대로 듣지만, 슬기로운 사
람은 신중하게 행동한다.
16 지혜로운 사람은 여호와를
경외하고 악한 일을 멀리하
나, 어리석은 자는 제멋대로
행동한다.
17 성미가 조급한 사람은 미련

8

9

10

11

12

13

14

15

16

17

한 짓을 하고, 음모를 꾸미는
자는 미움을 받는다.
18 미련한 사람은 미련을 상속
받지만, 슬기로운 사람은 지
식의 왕관을 쓴다.
19 사악한 자들은 선인들 앞에
서 고개를 숙여야 하고, 악인
들은 의인의 문 앞에 엎드린다.
20 가난한 사람은 이웃도 피하
지만, 부자는 친구가 많다.
21 자기 이웃을 업신여기는 사
람은 죄를 짓는 것이지만, 가
난한 자를 돕는 사람은 복이
있다.
22 음모를 꾸미는 자는 길을 잃
고 방황할 것이지만, 선한 것
을 생각하는 사람은 사랑과
신실함을 보장받는다.
23 모든 수고는 이득을 가져오
나, 말로만 하면 가난해질 뿐
이다.
24 지혜로운 자가 쓸 면류관은
자기의 지혜이지만, 미련한
사람이 쓸 화관은 자기의 미
련이다.
25 진실한 증인은 죄 없는 사람
들을 구하지만, 거짓 증인은
사람을 해친다.
26 여호와를 경외하는 사람은
견고한 요새를 가진 자이며,
그 후손도 그로 인해 피난처
를 얻는다.

18

19

20

21

22

23

24

25

26

27 여호와를 경외하는 것이 생
명의 샘이니, 사람을 사망의
올무에서 건진다.
28 백성이 많은 것은 왕의 영광
이지만, 백성이 없는 왕은 망
한다.
29 화를 참는 자는 지혜로우나,
성미가 조급한 사람은 미련
을 드러낸다.
30 마음이 편하면 신체도 건강
하나, 질투심은 뼈를 썩게 만
든다.
31 가난한 사람을 학대하는 자
는 저들을 만드신 주를 멸시
하는 것이며, 궁핍한 자에게
베푸는 자는 하나님을 경외
하는 것이다.
32 재앙이 오면 악인은 망하지
만, 의인은 죽을 자리에서도
피난처를 얻는다.
33 지혜는 슬기로운 사람의 마
음에는 간직되지만, 심지어
어리석은 사람 중에서도 알
려진다.
34 의로운 사람들은 자기 나라
를 번창하게 하지만, 죄는 백
성을 부끄럽게 만든다.
35 왕은 지혜로운 신하를 기뻐
하나, 해를 끼치는 신하에게
는 진노를 발한다.

15

부드러운 대답은 화를
가라앉히지만, 과격한

27
28
29
30
31
32
33
34
35
15

말은 노를 일으킨다.
2 지혜 있는 자의 혀는 지식을
전달하지만, 어리석은 자의
입은 미련을 토해 낸다.
3 여호와의 눈은 미치지 않는
곳이 없어, 악인이나 선인
모두를 보고 계신다.
4 온화한 말은 생명나무와 같
지만, 잔인한 말은 마음을
상하게 한다.
5 미련한 사람은 자기 아버지
의 징계를 업신여기나, 책
망을 듣는 자는 슬기롭다.
6 의인의 집에는 많은 재물이
있지만, 악인의 소득은 오
히려 괴로울 뿐이다.
7 지혜로운 자의 입술은 지식
을 전파하나, 어리석은 자
의 마음은 그렇지 않다.
8 악인의 제사는 여호와께서
미워하시지만, 정직한 자의
기도는 기뻐하신다.
9 악인의 길은 여호와께서 미
워하시나, 의를 따라가는
자는 기뻐하신다.
10 바른길에서 떠나는 자는
엄중한 처벌을 받고, 책망
을 싫어하는 자는 죽는다.
11 무덤과 사망도 여호와 앞에
는 환히 드러난다. 하물며
여호와께서 사람의 마음을
어찌 모르시겠는가?

2

3

4

5

6

7

8

9

10

11

12 거만한 사람은 책망을 싫어
하여, 지혜로운 사람에게 가
지 않는다.
13 마음이 즐거우면 얼굴이 환
하지만, 마음의 근심은 영혼
을 상하게 한다.
14 슬기로운 마음은 지식을 추
구하나, 어리석은 자들의 입
은 미련을 먹고 산다.
15 고통당하는 자의 나날은 비
참하나, 마음이 즐거운 자
는 늘 축제를 연다.
16 재물이 없어도 여호와를 모
신 삶이, 많은 재산을 갖고
있으면서 문제가 많은 것보
다 낫다.
17 채소만 먹어도 서로 사랑하
는 것이, 쇠고기로 잔치하면
서 싸우는 것보다 낫다.
18 성미가 급한 사람은 다툼을
일으키나, 참는 사람은 싸
움을 그치게 한다.
19 게으른 사람의 길은 가시밭
이나, 정직한 사람의 길은
넓고 평탄한 길이다.
20 지혜로운 아들은 아버지를
기쁘게 하나, 어리석은 사람
은 자기 어머니를 멸시한다.
21 지혜롭지 못한 사람은 미련
을 즐기지만, 명철한 사람은
바른길을 걷는다.
22 의논이 없으면 계획이 실패

12

13

14

15

16

17

18

19

20

21

22

하고, 조언자들이 많으면 성
공한다.
23 사람은 대답하는 말을 듣고
기쁨을 얻나니, 적절하게 맞
는 말을 하는 것이 얼마나 값
진 일인가?
24 지혜로운 자의 길은 위로 생
명 길과 연결되어, 아래 무덤
으로 떨어지는 것을 막아 준
다.
25 여호와께서는 교만한 사람의
집은 허시지만, 과부의 밭은
지켜 주신다.
26 악인의 생각은 여호와께서 미
워하시나, 선한 자의 생각은
기뻐하신다.
27 탐욕을 부리는 자는 자기 가
족에게 재앙을 가져오나, 뇌
물을 미워하는 자는 형통할
것이다.
28 의인은 신중히 대답하나, 악
인의 입은 악을 마구 토해 낸
다.
29 여호와께서는 악인을 멀리하
시나, 의인의 기도는 들으신다.
30 마음의 기쁨은 눈을 통해 빛
나고, 좋은 소식은 뼈를 건강
하게 만들어 준다.
31 생명을 주는 책망에 귀기울이
는 자는 지혜로운 자들 가운
데 살 것이다.
32 훈계를 무시하는 사람은 자기

23

24

25

26

27

28

29

30

31

32

를 멸시하는 자이지만, 책
망을 듣는 자는 총명을 얻
는다.
33 여호와를 경외하는 것은
사람에게 지혜를 준다. 겸
손하면 영예가 뒤따른다.

16 마음의 계획은 사람
이 세우지만, 그 일
을 이루시는 분은 여호와
이시다.
2 사람의 행위가 자기 보기에
는 모두 깨끗하여도, 여호
와께서는 마음을 살피신다.
3 너의 일을 여호와께 맡겨
라. 그러면 너의 계획이 성
공할 것이다.
4 여호와께서 모든 것을 자기
목적대로 지으셨나니, 악인
은 재앙의 날을 위해 만드
셨다.
5 마음이 교만한 자는 여호
와께서 미워하시며, 반드시
그들을 처벌하신다.
6 사랑과 신실함으로 죄를 용
서받고, 여호와를 경외함으
로 악을 멀리하게 된다.
7 사람의 행위가 여호와를 기
쁘시게 하면, 그 사람의 원수
까지도 화목하게 하신다.
8 적은 재물로 의롭게 사는
것이, 부정하게 얻은 재물
을 쌓아 놓고 사는 것보다

33
16
2
3
4
5
6
7
8

낫다.
9 사람은 자기 마음에 앞날을
계획하지만, 그 걸음을 정
하시는 이는 여호와이시다.
10 왕의 입술은 지혜를 말하
고, 그의 입은 바른 것에서
떠나지 말아야 한다.
11 정확한 저울과 천칭은 여
호와께서 정하신 것이요,
모든 저울추 역시 그분이
정하신다.
12 왕은 악한 일을 미워해야
한다. 공의로만 왕위가 튼
튼히 세워지기 때문이다.
13 왕은 정직한 입술을 기뻐
하고, 진리를 말하는 사람
을 귀하게 여겨야 한다.
14 왕이 노하면 사람을 죽일
수 있으나, 지혜로운 자는
그 진노를 풀게 한다.
15 왕의 얼굴빛이 환하면 살
수 있으니, 그의 은총은 봄
비를 담은 구름과 같다.
16 지혜를 얻는 것이 금을 얻
는 것보다 낫고, 명철을 얻
는 것이 은을 얻는 것보다
낫다.
17 악을 피하면 정직한 자의
길이 뚫리나니, 그 길을
걷는 사람은 자기 생명을
지킨다.
18 교만은 파멸의 선봉장이

고, 거만한 마음은 넘어짐의
앞잡이다.
19 겸손한 자들과 함께 사는 것
이, 교만한 자들과 빼앗은 물
건을 나누는 것보다 낫다.
20 가르침에 순종하는 사람은 잘
되며, 여호와를 신뢰하는 자
는 복이 있다.
21 마음이 지혜로운 자는 슬기롭
다 하고, 사람들은 부드러운
말을 잘 듣는다.
22 명철한 사람은 생명샘을 가진
자이나, 미련한 사람은 그 미
련함 때문에 벌을 받는다.
23 지혜로운 자의 마음은 그의
입을 다스리고, 그의 입술을
잘 가르친다.
24 부드러운 말은 송이꿀과 같아
서, 영혼에 달며 뼈를 치료한
다.
25 어떤 길은 바르게 보일지 모르
나 결국은 죽음으로 인도한다.
26 사람은 배가 고파야 일을 하
고, 허기져야 일거리를 찾는
다.
27 불량배는 범죄를 꾀하고, 그
의 말은 모조리 태워 버리는
불과 같다.
28 비뚤어진 사람은 다툼을 일으
키고, 남의 말을 좋아하는 사
람은 친구 사이를 갈라놓는다.
29 사악한 사람은 자기 이웃을 꾀

19

20

21

22

23

24

25

26

27

28

29

어서 멸망의 길로 인도한다.
30 눈짓하는 사람은 음모를 꾸
미는 자이며, 입술을 심술궂
게 다문 사람은 죄를 저지른
다.
31 백발은 영예로운 면류관이
니, 의로운 삶을 통해 얻는
다.
32 노하기를 더디 하는 사람은
용사보다 낫고, 자기를 다스
릴 줄 아는 자는 성을 정복
하는 자보다 낫다.
33 사람이 제비를 뽑지만, 그
결정은 여호와께서 하신다.

17 마른 빵 한 조각만 있
어도 화목한 것이, 먹
을 것을 많이 차려 놓고 싸우
는 집안보다 낫다.
2 지혜로운 종은 주인의 부끄
러운 아들을 다스리고, 그
아들이 받을 재산을 함께 받
을 것이다.
3 도가니가 은을, 풀무가 금을
녹이듯, 여호와는 사람의 마
음을 시험하신다.
4 악을 행하는 사람은 악한 말
을 따르고, 거짓말하는 사람
은 험담에 귀를 기울인다.
5 가난한 자를 비웃는 사람은
그를 만드신 분을 멸시하는
것이며, 남이 망하는 것을 기
뻐하는 사람은 절대 벌을 면

30

31

32

33

17

2

3

4

5

치 못할 것이다.
6 손자는 노인의 면류관이고,
부모는 자식들의 자랑이다.
7 미련한 자가 거만하게 말하
는 것이 어울리지 않는 것처
럼 통치자가 거짓말하는 것
도 합당하지 않다.
8 뇌물은 그것을 주는 자가 생
각하기에 요술과 같아서, 옳
지 않은 일을 마음대로 하게
한다.
9 모욕을 갚지 않는 것은 사랑
을 구하는 것이지만, 지난 일
을 자꾸 끄집어 내면 친구도
원수가 된다.
10 슬기로운 자는 한 마디 책망
에 깨우치나, 어리석은 자는
매를 백 대 맞아도 알지 못
한다.
11 악인은 늘 대들려고 하니, 그
런 자에게는 무자비한 처벌
이 있을 것이다.
12 새끼들을 빼앗긴 암곰을 만
나는 것보다도, 미련하고 어
리석은 자를 만나는 것이 더
두렵다.
13 배은망덕하면, 재앙이 그의
집에서 늘 떠나지 않을 것이
다.
14 다툼의 시작은 댐의 작은 구
멍과 같으니, 싸움이 일어나기
전에 따지기를 그만두어라.

15 범죄자를 무죄 석방시키고, 무
고한 자를 죄인으로 만드는 일
은 여호와께서 모두 미워하신
다.
16 어리석은 자가 가진 돈은 가치
가 없다. 왜냐하면 그는 지혜
를 살 생각을 못하기 때문이
다.
17 친구는 변함없이 사랑하고,
형제는 어려울 때에 돕는다.
18 지혜롭지 못한 사람은 남의
보증을 서 주고, 자기 이웃의
보증인이 된다.
19 다툼을 좋아하는 자는 죄를
사랑하는 자이며, 높은 문을
만드는 자는 파괴를 구하는
자이다.
20 마음이 비뚤어진 사람은 형통
하지 못하고, 그 혀로 남을 해
치는 말을 하는 자는 재앙에
빠진다.
21 어리석은 자를 자식으로 둔
자는 근심하고, 바보 자식을
둔 아버지에게는 도대체 즐거
움이 없다.
22 마음이 즐거우면 신체가 건강
하나, 영이 상하면 뼈가 마른
다.
23 악인은 은밀히 뇌물을 받고 재
판을 잘못되게 한다.
24 명철한 자는 늘 지혜를 바라
보나, 어리석은 자의 두 눈은

15

16

17

18

19

20

21

22

23

24

땅끝을 헤맨다.
25 어리석은 자식은 그의 아버지
에게 근심을 주고 어머니에게
는 고통을 안겨 준다.
26 죄가 없는 자를 처벌하는 것
이나, 존귀한 사람을 정직하
다고 해서 때리는 것은 옳지
않다.
27 지식이 있는 사람은 말을 신
중히 사용하고, 명철한 사람
은 감정을 잘 조절한다.
28 바보라도 침묵하면 지혜롭게
보이고, 입술을 다물면 지성
인으로 여겨진다.

18 이기적인 자는 자기만
생각하고, 남의 도움
을 무시한다.
2 어리석은 자는 명철에 도무
지 관심이 없고, 자기 생각만
떠벌린다.
3 죄를 지으면 멸시를 당하고,
수치와 불명예까지 따라온
다.
4 사람의 말은 깊은 물과 같고,
지혜의 샘은 쉬지 않고 흐르
는 시내와 같다.
5 범죄자 편을 들어서, 무고한
사람을 죄 있다고 재판하는
것은 옳지 않다.
6 어리석은 자의 입술은 분쟁
을 일으키고, 그의 입은 매를
자초한다.

25

26

27

28

18

2

3

4

5

6

7 어리석은 자의 입은 그를 파멸
로 이끌고, 그의 입술은 자기
에게 올무가 된다.
8 고자질은 맛있는 음식 같아서
마음 깊이 남는다.
9 자기 일을 게을리하는 자는 멸
망하는 자의 형제이다.
10 여호와의 이름은 강력한 망대
같아서 그리로 피하는 의인은
안전하다.
11 부자들의 재물은 자기들에게
요새와 같다. 저들은 재물이
자기들을 보호해 줄 거라고 믿
는다.
12 마음의 교만은 멸망의 선봉장
이요, 겸손은 존귀의 앞잡이
다.
13 듣기 전에 대답하는 자는 미련
하여 수치를 당한다.
14 사람의 영이 병을 이기게 하는
데, 영이 상하면 어떻게 할 수
있을까?
15 명철한 자의 마음은 지식을 얻
고, 지혜자의 귀는 지식을 찾
는다.
16 선물을 주는 자는 그 앞길이
열려서, 중요한 사람 앞으로
나아가게 될 것이다.
17 재판에서 원고의 말이 옳은
듯해도, 피고가 오면 사정이
달라진다.
18 제비를 뽑아 분쟁을 해결하고,

7

8

9

10

11

12

13

14

15

16

17

18

서로 싸우는 둘 사이를 판결할 수 있다.

19 모욕을 당한 형제의 마음은 요새보다 정복하기 어렵고, 다툼은 요새의 빗장같이 마음을 닫게 한다.

20 말은 음식이 배를 채워 주는 것처럼 그 영혼을 만족시킨다. 곧 입술의 바른 말이 사람을 만족시킨다.

21 혀는 살리기도, 죽이기도 하는 힘을 가졌으니, 혀를 놀리기 좋아하는 자는 그 대가를 받을 것이다.

22 아내를 찾은 자는 행복을 찾은 자요, 여호와께 은총을 입은 자이다.

23 가난한 자는 긍휼을 구하나, 부자는 거만하게 말할 뿐이다.

24 친구인 척하는 자도 많지만, 어떤 친구는 형제보다 낫다.

19

흠 없이 행하는 가난한 사람을 입술이 사악하고 어리석은 사람에게 비길 것인가?

2 지식 없는 열심은 위험하고, 조급히 일을 처리하면 그르친다.

3 자기의 미련 때문에 망하고서도 마음으로 여호와를 원망한다.

4 부유하면 친구가 많지만, 가난한 사람의 친구는 그를 버린다.

5 거짓 증인은 처벌을 면치 못하

19

20

21

22

23

24

19

2

3

4

5

고, 거짓말을 내뱉는 자 역
시 벌을 피하기 어렵다.
6 너그러운 사람에게는 은혜
를 구하는 자가 많고, 선물
을 주는 자에게는 누구나 가
까이 가려 한다.
7 가난하면 친척들도 멀리하
니 친구들이야 말할 것도 없
다. 사정해도 친구들은 달아
날 뿐이다.
8 지혜를 얻는 자는 자기를 사
랑하는 자이며, 명철을 귀히
여기는 자는 형통할 것이다.
9 거짓 증인은 처벌을 면치 못
하고, 거짓말을 내뱉는 자도
망할 것이다.
10 어리석은 자의 사치가 옳지
못하듯, 종이 주인을 다스리
는 것도 옳지 못하다.
11 슬기로운 사람은 쉽게 화내
지 않으며, 허물을 덮어 주
어 자신의 영광으로 삼는다.
12 왕의 노함은 사자의 부르짖
음 같고, 그의 은총은 풀에
내리는 이슬 같다.
13 어리석은 아들은 그 부친을
망하게 하고, 다투는 아내는
계속 떨어지는 빗방울과 같
다.
14 집과 재물은 부모에게서 상
속받지만, 슬기로운 아내는
여호와께서 주신다.

6

7

8

9

10

11

12

13

14

15 게으름은 사람을 깊은 잠에
빠지게 하고, 게으른 사람은
굶주린다.
16 교훈에 순종하는 사람은 자
기 생명을 지키나, 말씀대로
살지 않는 사람은 죽을 것이
다.
17 가난한 자에게 베푸는 일은
여호와께 빌려 드리는 것이
니, 그분이 후하게 보상하신
다.
18 아직 희망이 있을 때에 자식
을 징계하여라. 그가 망할 때
까지 내버려 두지 마라.
19 성미가 조급한 사람은 화를
자초하여, 건져 주어도 또 같
은 잘못을 저지른다.
20 조언을 듣고 교훈에 순종하
여라. 그러면 마침내 지혜롭
게 될 것이다.
21 사람의 마음에는 많은 계획
이 있지만, 결국 여호와의 뜻
대로 성취된다.
22 사람이 바라는 것은 변함 없
는 사랑이다. 거짓말을 하는
것보다는 가난함이 낫다.
23 여호와를 경외하면 형통하
고, 만족감을 얻으며, 재난을
피한다.
24 게으른 사람은 손을 밥그릇
에 얹고도, 자기 입에 집어 넣
기를 귀찮아한다.

15

16

17

18

19

20

21

22

23

24

25 거만한 자를 매질하여라. 그
러면 미련한 자가 깨닫게 될
것이다. 명철한 자를 책망하
여라. 그러면 그가 지식을 얻
을 것이다.
26 자기 아버지를 구박하고 자
기 어머니를 쫓아내는 자식
은, 수치와 부끄러움의 자식
이다.
27 내 아들아, 교훈을 듣지 않
으면, 결국 너는 지식의 말씀
에서 벗어날 것이다.
28 악한 증인은 법을 비웃고,
악인의 입은 죄를 물 마시듯
한다.
29 징계는 거만한 자들을 위한
것이요, 매는 어리석은 자들
에게 필요한 것이다.

20 포도주를 마시면 우
쭐해지고, 독주를 마
시면 싸움질을 한다. 이것들
에 빠진 자는 지혜가 없다.
2 왕의 진노는 사자의 부르짖
음과 같고, 왕을 화나게 하
면 생명을 잃는다.
3 다툼을 피하는 것은 영예로
운 일이나, 미련한 자는 조급
히 싸우려 든다.
4 게으른 사람은 농사철에 쟁
기질을 안 하니, 추수 때에
거두려고 해도 거둘 것이 없
다.

25

26

27

28

29

20

2

3

4

5 사람의 마음에 세운 계획들은 깊은 물과 같지만, 명철한 사람은 그것도 알아챈다.

6 사람들은 저마다 자기가 신실하다고 하지만, 누가 신실한 사람을 찾을 수 있을까?

7 의인은 흠 없는 삶을 살고, 그의 후손들은 복되다.

8 판사 자리에 앉은 왕은 죄인을 한눈에 알아본다.

9 "나는 마음이 깨끗하다, 나는 정결하여 죄가 없다"고 주장할 사람이 있겠는가?

10 정확하지 않은 저울추나 되들은 여호와께서 미워하신다.

11 아이일지라도 그 행동으로 자신들의 깨끗함과 옳음을 나타낸다.

12 듣는 귀와 보는 눈은 모두 여호와께서 만드셨다.

13 잠자기를 좋아하면 가난해진다. 깨어 있어라. 그러면 쌓아 둘 양식이 생길 것이다.

14 물건을 살 때는 "이것도 별로군요, 저것도 별로군요"라고 하지만, 산 다음에는 자기가 산 물건을 자랑한다.

15 세상에는 금과 귀한 보석들

이 많지만, 지식을 말하는
입이 가장 귀한 보물이다.
16 타인을 위해 보증 서는 사람
의 의복을 취하여라. 다른
지방 사람을 위해 보증 섰다
면 꼭 그 사람을 잡아 두어
라.
17 속여서 얻은 음식은 정말 맛
있는 것 같지만, 나중에는
입 안에 자갈이 가득할 것이
다.
18 조언을 듣고 계획을 세워라.
전쟁을 하려면 지혜로운 조
언을 들어라.
19 수다쟁이는 비밀을 누설하
니 피하여라.
20 자기 부모를 저주하는 자의
등불은 캄캄함 중에 꺼질
것이다.
21 일확천금은 결과적으로 복
이 되지 아니한다.
22 "내가 이 모욕을 갚으리라"
고 말하지 말고, 여호와를
기다려라. 그러면 그분이 너
를 구원해 주실 것이다.
23 속이는 저울추는 여호와께
서 미워하신다. 부정확한 저
울들도 좋아하지 않으신다.
24 사람의 가는 길을 여호와께
서 인도하시니, 사람이 어찌
자기 앞길을 알랴!
25 조급하게 "이것을 주님께 바

16

17

18

19

20

21

22

23

24

25

치리라"고 서원하면, 나중에
후회할 수 있다.
26 지혜로운 왕은 죄인을 분별
해 내니, 탈곡기에 그들을 돌
리는 것과 같다.
27 여호와의 등불이 사람의 영
을 비추니, 그것이 사람의
마음속을 드러낸다.
28 왕은 변하지 않는 사랑과 신
실함으로 강대해지고, 사랑
을 통해 왕위가 견고해진다.
29 젊은이의 영광은 그 힘이지
만, 노인의 영광은 백발이
다.
30 상처를 입히도록 때려야 죄
를 저지를 생각을 안 하고,
매질은 마음속까지 청소한
다.

21

왕의 마음이 여호와
의 손 안에 있다. 그
분은 자기 원하시는 대로 물
길처럼 그 마음을 바꾸신다.
2 사람의 모든 행위가 자기에
게 옳게 여겨져도, 여호와께
서는 마음을 살피신다.
3 의로운 생활이 형식적인 제
사보다 여호와를 기쁘시게
한다.
4 거만한 두 눈과 교만한 마
음, 악인의 형통한 것 등은
모두 하나님의 뜻에 어긋난
다.

26

27

28

29

30

21

2

3

4

5 부지런한 자의 계획은 부유
하게 만들지만, 조급한 행동
은 궁핍함만 가져온다.
6 거짓된 혀로 모은 재산은 흩
어지는 수증기같고, 죽음을
불러오는 함정이다.
7 악인은 난폭하게 굴다 다친
다. 왜냐하면 저들은 올바르
게 살려 하지 않기 때문이다.
8 범죄자의 길은 비뚤지만, 죄
없는 자의 행동은 곧다.
9 옥상 한 구석에 사는 것이,
다투는 여인과 함께 집에 사
는 것보다 낫다.
10 악인은 늘 범죄할 궁리를 하
니, 그 이웃까지 무자비하게
희생시킨다.
11 거만한 자가 처벌을 당하면
미련한 자가 지혜를 얻고, 지
혜자가 교훈을 받으면 지식
을 얻는다.
12 의로우신 분은 악인의 집을
주목하시고, 악인을 멸망시
키신다.
13 가난한 자의 부르짖음에 귀
를 막으면, 자기가 부르짖을
때에 응답을 받지 못할 것이
다.
14 은밀하게 건네 준 선물은 노
를 풀게 하고, 옷에 숨겨 전
달된 뇌물은 화를 그치게 한
다.

5

6

7

8

9

10

11

12

13

14

15 법을 올바로 시행하면, 의인은
기뻐하고 악한 자는 두려워한
다.
16 명철한 자의 길에서 떠난 자는
죽은 자들 가운데 이를 것이
다.
17 쾌락을 좋아하는 자는 궁핍
해지고, 술과 기름을 탐하는
자는 결코 부자가 되지 못한
다.
18 악인은 의인을 구하기 위해 주
어지고, 사기꾼은 정직한 자를
구하기 위해 사용될 것이다.
19 따지고 바가지 긁는 아내와 함
께 사는 것보다, 사막에 홀로
사는 것이 낫다.
20 지혜 있는 자의 집에는 귀한
보배와 기름이 있으나, 어리석
은 자는 가진 모든 것을 삼켜
버린다.
21 의롭고 신실하게 사는 사람은
형통하고, 번창하고, 영예를
얻는다.
22 지혜로운 사람은 용사가 지키
는 성을 공격하여 저들이 의지
하는 요새를 허물어 버린다.
23 자기 입과 혀를 지키는 사람은
재난에서 자신을 지킨다.
24 교만하고 거만한 사람을 비웃
는 자라고 부르니, 이는 그가
아주 거만하게 행동하기 때문
이다.

15

16

17

18

19

20

21

22

23

24

25 게으름뱅이는 손으로 일할 생
각은 안 하고 꿈만 꾸다 죽고
만다.
26 어떤 사람은 하루 종일 욕심만
부리지만, 의인은 아낌없이 베
푼다.
27 악인의 제물은 가증한데, 악한
동기로 바치는 경우라면 더욱
그렇다.
28 거짓 증인은 망하고, 그의 말을
듣는 자도 영원히 망할 것이다.
29 악인은 뻔뻔스럽게 행동하지
만, 정직한 사람은 신중히 행
동한다.
30 여호와를 거스르는 것은 그 어
떤 지혜, 통찰력, 계획으로도
성공하지 못한다.
31 전쟁을 대비하여 말을 준비해
도, 승리는 여호와께 달려 있
다.

22 명예가 많은 재물보다
귀하고, 좋은 평판이 금
은보화보다 훨씬 낫다.
2 부자와 가난한 자가 섞여 사니,
여호와께서 그들 모두를 만드
셨다.
3 슬기로운 사람은 위험을 보면
피하나, 미련한 자는 제 발로
들어가 화를 당한다.
4 사람이 겸손히 여호와를 경외
하면 재물과 영예와 생명을 얻
는다.

25

26

27

28

29

30

31

22

2

3

4

5 사악한 사람의 길에는 도처
에 가시와 함정이 있지만, 자
기를 지키는 자는 그런 것들
을 피한다.
6 아이에게 올바른 길을 가르
쳐라. 그러면 늙어서도 그 길
을 떠나지 않을 것이다.
7 부자는 가난한 자를 다스리
고, 빚진 자는 꾸어 준 자의
종이다.
8 악을 행하는 자는 재난을 거
두고, 그런 자의 분노는 쇠약
해진다.
9 남을 동정하는 사람은 축복
을 받으리니, 가난한 자와 자
기 음식을 나누기 때문이다.
10 거만한 자를 쫓아내어라. 그
러면 분쟁과 다툼과 모욕이
그칠 것이다.
11 정결한 마음을 사랑하는 자,
그 말이 은혜로운 자는 왕의
친구가 될 것이다.
12 여호와의 눈은 지식 있는 자
를 지키시나, 사기꾼의 말은
패하게 하신다.
13 게으른 사람은 "사자가 밖에
있으니, 길거리에 나가면 죽
을 것이다"라고 말한다.
14 창녀의 입은 깊은 구덩이와
같으니, 여호와의 진노를 받
는 자는 그곳에 떨어질 것이
다.

5

6

7

8

9

10

11

12

13

14

15 어린이의 마음에는 미련이 담
겨 있다. 징계의 채찍으로 때
리면 없앨 수 있다.
16 자기 재산을 늘리려고 가난한
자를 학대하는 자와 부자에게
뇌물을 바치는 자는 모두 가
난에 떨어질 것이다.

들어야 될 지혜 있는 자의 말

17 귀를 기울여 지혜자의 말을 들
어라. 나의 교훈을 네 마음에
두어라.
18 그것들을 네 마음속에 간직하
여, 언제든지 입술로 말할 수
있다면 얼마나 좋을까?
19 여호와를 의지하도록 하기 위
해 나는 오늘 너에게 특별히
권한다.
20 내가 너에게 모략과 지식의 말
씀 서른 가지를 기록해 주었다.
21 바르고 신뢰할 수 있는 말씀으
로 너를 가르쳐, 너를 보낸 자
에게 올바르게 대답할 수 있게
하였다.
22 가난한 자를 힘없다고 이용하
지 말고, 약한 자를 성문에서
압제하지 마라.
23 여호와께서는 그들의 사정을
듣고, 그들을 학대한 자들을
벌하실 것이다.
24 화풀이 잘하는 사람과 사귀지
말고, 성 잘내는 사람과 사귀
지 마라.

15

16

17

18

19

20

21

22

23

24

25 네가 그의 행위를 본받아 올
무에 빠질까 두렵다.
26 너는 타인의 보증을 서지 말
고, 타인의 빚 보증인이 되지
마라.
27 네가 갚을 돈이 없으면, 네가
누운 침대마저 차압당할 것이
다.
28 네 조상이 세운 밭 울타리를
함부로 옮기지 마라.
29 자기 일에 충실한 사람을 봤느
냐? 그런 사람은 하찮은 사람
을 섬길 인물이 아니니, 왕을
섬길 것이다.

23 네가 높은 관리와 함께
식사를 할 때, 네 앞에
무엇이 있는지 잘 보아라.
2 식욕이 일어나거든, 네 목에
칼을 들이대라.
3 그의 진미를 탐하지 마라. 그
것은 사람을 속인다.
4 부자가 되려다 건강을 해친다.
분수에 맞게 사는 지혜를 배
워라.
5 아무리 재물에 눈독을 들여
도, 재물은 날개가 달린 독수
리처럼 창공으로 훨훨 날아가
버릴 것이다.
6 구두쇠의 음식은 먹지 말고,
그의 진수성찬을 탐하지 마
라.
7 그런 사람은 속으로 '저것이

25

26

27

28

29

23

2

3

4

5

6

7

얼마인데!' 하고 계산한다. "먹
고 마시라"고 말은 하겠지만,
마음으로는 아까워한다.
8 네가 조금 먹은 것도 토하겠
고, 네가 말한 칭찬도 소용없
게 될 것이다.
9 어리석은 자가 듣는 데서 말하
지 마라. 그가 네 지혜를 비웃
을 것이다.
10 조상들이 세운 밭 울타리를 옮
기지 말고, 고아의 밭이라고
야금야금 취하지 마라.
11 그들의 보호자는 힘이 있으니,
그 보호자가 그들의 사정을 듣
고 너를 벌할 것이다.
12 훈계를 명심하고, 지식의 말씀
에 귀를 기울여라.
13 아이에게 회초리를 아끼지 마
라. 매질한다고 죽지는 않는
다.
14 따끔하게 처벌해서 바로잡아
야 아이가 올바르게 될 것이다.
15 내 아들아, 네 마음이 지혜를
깨우친다면, 내가 얼마나 기쁘
겠느냐?
16 네 입술이 올바른 것을 말한
다면, 내 심장이 얼마나 기뻐
하겠느냐?
17 네 마음으로 죄인들을 부러워
하지 말고, 언제나 여호와를
경외하여라.
18 그러면 네 앞길이 환하게 열릴

8

9

10

11

12

13

14

15

16

17

18

것이고, 네 소망이 끊어지지
않을 것이다.
19 내 아들아, 내 말을 듣고 지혜
를 얻어라. 네 마음을 바른길
에 두어라.
20 술이나 고기를 탐하는 자와
어울리지 마라.
21 술에 취하고 먹는 것만 밝히
는 사람은 가난에 떨어지고,
게으른 사람은 누더기를 걸칠
것이다.
22 너를 낳은 아버지에게 순종하
고, 네 어머니가 나이 들어도
무시하지 마라.
23 진리를 사고, 팔지는 마라. 지
혜와 훈계, 명철을 사라.
24 의인의 아버지는 크게 기뻐하
리라. 지혜로운 아들을 낳은
자는 그 아들 때문에 기쁨을
얻을 것이다.
25 네 부모를 즐겁게 해 드려라.
너를 낳아 주신 분을 기쁘게
해 드려라.
26 내 아들아, 네 마음을 내게 주
고, 네 눈으로 내가 사는 모습
을 보고 즐거워하여라.
27 창녀는 깊은 구덩이며, 바람난
여인은 좁은 웅덩이다.
28 그녀는 강도처럼 숨어서 기다
리다가 수많은 남자들을 망친
다.
29 재앙이 누구에게 있는가? 슬

19

20

21

22

23

24

25

26

27

28

29

픔이 누구에게 있는가? 분쟁
이 누구에게 있는가? 불평이
누구에게 있는가? 누가 불필
요한 상처와 충혈된 눈을 가
지고 있는가?
30 술독에 빠진 자에게 있고, 독
한 술을 들이키는 자에게 있
다.
31 잔에 따라진 포도주가 붉고,
번쩍이며, 목으로 술술 넘어가
도 너는 거들떠보지 마라.
32 마침내 그것이 뱀같이 물 것이
요, 독사같이 쏠 것이다.
33 너의 눈은 이상한 것들을 보
고, 입은 허튼 소리를 지껄이
게 될 것이다.
34 너는 망망대해 가운데서, 돛대
꼭대기에 누워 잠자는 자 같
을 것이다.
35 "아무리 때려 봐라. 하나도 아
프지 않다. 아무리 때려 봐라.
아무 느낌도 없다. 술이 언제
깰 것인가? 깨면 또 마셔야
지!"라고 말할 것이다.
24 악인들을 부러워하지
마라. 그들의 친구가
될 생각을 하지 마라.
2 악인들은 늘 범죄만 생각하고,
그 입술은 문제 일으킬 궁리만
한다.
3 지혜로 인해 집이 세워지고,
슬기를 통해 집이 견고해진다.

30

31

32

33

34

35

24

2

3

4 지식을 통하여 그 방에는 온
갖 귀하고 아름다운 보물들이
채워진다.
5 지혜로운 사람이 힘센 자보다
낫고, 지식 있는 사람이 무사
보다 낫다.
6 전략을 세우고 전쟁하라. 전략
가들이 많아야 승리를 얻는
다.
7 지혜는 미련한 자에게는 너무
높이 있어서, 성문 앞 광장에
서 할 말이 없다.
8 남을 해할 음모를 꾸미는 자는
음모자라 불린다.
9 미련한 자는 범죄할 생각만 하
고, 거만한 자는 사람들에게
혐오의 대상이 된다.
10 어려움을 당하여 낙담하는 것
은 너의 연약함을 드러내는 것
이다.
11 억울하게 사형장으로 끌려가
는 자를 건져 주고 처형장으로
잡혀가는 자를 구해 주어라.
12 네가 아무것도 알지 못했다 할
지라도 마음을 재는 분이 그것
을 알지 못하시랴! 네 인생을
인도하시는 분이 알지 못하시
랴! 그분께서 각 사람이 행한
대로 갚으실 것이다.
13 내 아들아, 꿀은 몸에 좋으니
꿀을 먹어라. 꿀은 네 입에 달
것이다.

4

5

6

7

8

9

10

11

12

13

14 그리고 지혜가 네 영혼에 달
다는 것도 알아라. 지혜를 찾
으면, 네 앞길이 열리고, 네
소망이 꺾이지 않을 것이다.
15 악인처럼 의인의 집을 숨어
서 엿보지 말고, 그의 집을
망가뜨리지 마라.
16 의인은 일곱 번 넘어져도 다
시 일어나지만, 악인은 재앙
이 닥치면 망하고 만다.
17 네 원수가 넘어질 때, 고소하
게 여기지 마라. 그가 비틀거
려도 기뻐하지 마라.
18 여호와께서 그것을 보시고
불쾌히 여기시어, 그에게서
진노를 거두실까 두렵다.
19 악인 때문에 불평하지 마라.
악인을 부러워하지 마라.
20 악인은 장래에 소망이 없
다. 악인의 등불은 곧 꺼질
것이다.
21 내 아들아, 여호와를 경외하
고 왕을 두려워하여라. 반역
자들과 어울리지 마라.
22 하나님과 왕을 반역하는 자
들에게 갑자기 재앙이 내리
리니, 그들에게 임할 재앙을
누가 막겠는가?

지혜 있는 자의 거듭된 말

23 이것도 지혜자의 말씀이다.
재판할 때 편드는 것은 옳지
않다.

14

15

16

17

18

19

20

21

22

23

24 죄인에게 "너는 죄가 없다"고
선고하는 자는 백성의 저주를
받고, 여러 사람의 비난을 면
치 못할 것이다.
25 죄인을 바로 재판하는 자는
형통할 것이며, 축복이 그들
에게 풍성히 임할 것이다.
26 적절하게 대답하는 자는 입
술에 입맞춤하는 것과 같다.
27 바깥일을 잘 처리하고, 밭일
도 잘한 후에, 네 집을 세워
라.
28 근거 없이 네 이웃에게 불리
한 증언을 하지 말고, 네 혀를
놀려 남을 속이지 마라.
29 "그가 나에게 행한 대로 나도
행하고, 그가 행한 대로 나도
갚을 것이다" 하고 말하지 마
라.
30 내가 게으른 자의 밭과 미련
한 자의 포도원을 지나가 보니,
31 가시덤불이 사방을 덮고, 잡
초가 무성하였으며, 돌담은
여기저기 무너져 있었다.
32 내가 유심히 관찰하고 생각을
많이 하여 깨우친 것이 많았
다.
33 '좀 더 자자. 좀 더 졸자. 좀 더
쉬자.'
34 그러면, 가난이 강도 떼처럼,
궁핍이 군사들처럼 너를 덮칠
것이다.

24

25

26

27

28

29

30

31

32

33

34

25 이것들도 솔로몬의
잠언으로서 유다 왕
히스기야의 신하들이 모은
것입니다.
2 일을 숨기는 것은 하나님의
영광이요, 일을 잘 살피는
것은 왕의 영광이다.
3 하늘은 높고 땅은 깊듯이,
왕의 마음은 헤아리기 어렵
다.
4 은에서 찌꺼기를 없애라. 그
래야 금속 세공업자가 쓸
만한 은그릇을 만들 수 있다.
5 왕 앞에서 악한 자를 없애
라. 그러면 의를 통하여 왕
위가 굳게 세워진다.
6 왕 앞에서 잘난 체하지 말
고, 높은 관리들 자리에 끼
어들지 마라.
7 말석에서 상석으로 올라오
라고 초대받는 것이 대중
앞에서 말석으로 쫓겨 내려
가는 것보다 훨씬 낫지 않
겠는가?
8 네가 눈으로 본 것을 조급하
게 법정에 알리지 마라. 나
중에 네 이웃이 너를 망신시
키면, 어떻게 할 것이냐?
9 너는 이웃과 다툴 때, 남의
비밀을 말하지 마라.
10 그것을 듣는 자가 너를 망신
시킬 것이요, 나쁜 평판이

25

2

3

4

5

6

7

8

9

10

너를 계속 따라다닐 것이다.
11 경우에 합당한 말은 은쟁반
에 놓여진 금사과와 같다.
12 지혜자의 책망은 들을 줄 아
는 귀에 금귀고리와 순금목
걸이 같다.
13 믿을 만한 심부름꾼은 그를
보낸 주인에게 추수하며 땀
흘릴 때에 마시는 얼음물 같
아서, 그 주인의 마음을 시원
하게 한다.
14 선물한다고 말만 하는 사람
은 비 없는 구름과 바람 같
다.
15 끈기 있게 설득하면 통치자의
마음도 움직이고, 부드러운
혀는 뼈도 녹인다.
16 꿀을 찾았거든, 먹을 만큼만
먹어라. 너무 많이 먹으면 토
할 것이다.
17 이웃집에 너무 들락거리지
마라. 그가 싫증내고, 미워할
까 두렵다.
18 자기 이웃을 해치고자 거짓
증언하는 사람은 몽둥이나
칼, 날카로운 화살과 같다.
19 어려울 때, 신용이 없는 사람
을 의지하는 것은 썩은 이나
다친 발을 의지하는 것과 같
다.
20 마음이 무거운 자 앞에서 노
래하는 것은 추운 날 남을 발

11

12

13

14

15

16

17

18

19

20

가볍기는 것과 같고, 터진 상
처에 식초를 붓는 것과 같다.
21 네 원수가 굶주리거든 그에
게 먹을 것을 주어라. 목말라
하거든 마실 물을 주어라.
22 그리하면 그는 머리에 숯불
을 둔 것같이 부끄러워하고,
여호와께서는 네게 상을 주
실 것이다.
23 북풍이 비를 몰고 오듯, 험담
하는 혀는 분노를 초래한다.
24 옥상 한 구석에서 사는 것이
다투는 아내와 같이 사는 것
보다 낫다.
25 먼 나라에서 보내 온 좋은
소식은 목마른 영혼에 냉수
와 같다.
26 의인이 악인에게 굴복하는
것은 우물이 흐려지고, 샘이
썩는 것과 같다.
27 꿀을 너무 많이 먹으면 몸에
해롭고, 자기 영광을 구하는
것도 명예롭지 못하다.
28 자기를 다스리지 못하는 자
는 성벽이 무너진 성과 같다.

26

여름에 오는 눈이나
추수 때의 비처럼, 어
리석은 자에게 영예는 적절
하지 않다.
2 근거 없는 저주는 참새가 퍼
덕거리고, 제비가 쏜살같이
날아가는 것처럼 상대방에게

21

22

23

24

25

26

27

28

26

2

미치지 못한다.
3 말에게는 채찍을, 나귀에게
는 재갈을, 어리석은 자의 등
에는 몽둥이를 휘둘러야 한
다.
4 어리석은 자의 어리석음을
따라 대답하지 마라. 그렇지
않으면 너도 그와 같이 될 것
이다.
5 어리석은 자에게는 그의 어리
석음에 따라 대답하여라. 스
스로 지혜로운 체할까 두렵
다.
6 어리석은 자를 시켜 편지를
전하는 것은 자기 발을 자르
고, 극약을 마시는 것과 같
다.
7 어리석은 자들이 잠언을 말
하는 것은 다리 저는 사람의
다리와 같다.
8 어리석은 자에게 영예를 주
는 것은 마치 물매에 돌을 매
다는 것과 같다.
9 어리석은 자들이 잠언을 말
하는 것은 술 취한 자가 가시
나무를 휘두르는 격이다.
10 미련한 자나 지나가는 자를
품꾼으로 부리는 자는 활을
마구 쏘는 궁수와 같다.
11 개가 그 토한 것을 다시 먹
듯, 어리석은 자는 자기 미련
을 되풀이한다.

3

4

5

6

7

8

9

10

11

12 스스로 지혜로운 체하는 사
람을 보았는가? 차라리 그보
다는 미련한 자에게 희망이
있다.
13 게으른 자는 "사나운 사자가
길에 있으니, 가지 않겠다"고
말한다.
14 문짝이 돌쩌귀를 따라 돌듯,
게으름뱅이는 침대에서만 뒹
군다.
15 게으른 자는 자기 손을 밥그
릇에 갖다 대고도, 입에 넣을
생각을 안 한다.
16 게으른 자는 '나는 슬기롭게
대답을 전하는 일곱 명보다
낫다'라고 스스로 생각한
다.
17 자기와 상관도 없는 다툼에
참견하는 행인은 개의 귀를
잡아당기는 사람과 같다.
18 횃불을 던지고, 독이 묻은 화
살을 쏘아대는 미친 사람과
같이
19 지혜 없는 사람은 자기 이웃
을 속이고도 "그저 장난삼아
했을 뿐이야!"라고 말한다.
20 나무가 없으면 불이 꺼지듯,
험담꾼이 없으면 다툼도 그친
다.
21 숯불에 숯을 더하고 불에 나
무를 더하듯, 싸움꾼은 싸움
에 부채질만 한다.

12

13

14

15

16

17

18

19

20

21

22 고자질은 맛난 음식과 같아
서, 배 속 깊이 내려간다.
23 마음은 악하면서 입술만 부
드러운 사람은 유약을 바른
토기와 같다.
24 악의를 품은 사람은 입술로
는 그럴싸하게 말하지만, 마
음에는 독을 품고 있다.
25 그런 자가 듣기 좋은 말을 할
지라도 믿지 마라. 일곱 가지
혐오스런 것들이 그 마음에
들어 있다.
26 그의 악의가 교묘하게 숨겨
져 있다 해도, 그의 악한 생
각이 회중 앞에서 드러날 것
이다.
27 함정을 파는 자는 자신이 그
곳에 빠질 것이요, 돌을 굴
리는 자는 그 돌에 치일 것
이다.
28 거짓말하는 혀는 상대를 미
워하고, 아첨하는 입은 상대
를 파멸로 이끈다.

27 내일을 자랑하지 마
라. 오늘 무슨 일이
일어날지 누가 알 것인가?
2 타인이 너를 칭찬하게는 해
도, 네 입으로는 하지 마라.
3 돌도 무겁고 모래도 무겁지
만, 바보가 주는 모욕은 이
것보다 더 무겁다.
4 분노는 잔인하고 화는 사람

22

23

24

25

26

27

28

27

2

3

4

을 삼키지만, 질투처럼 파괴
적이지는 않다.
5 면전에서 책망하는 것이 숨
겨진 사랑보다 낫다.
6 친구가 주는 상처들은 믿음
에서 난 것이지만, 원수는 입
맞추고 배반한다.
7 배부른 사람은 꿀도 싫지
만, 배고픈 자에게는 쓴 것도
달다.
8 자기 고향을 떠난 사람은 둥
지를 떠나 떠도는 새와 같다.
9 향유나 향이 마음을 기쁘게
하듯이, 친구의 충심어린 조언
이 마음을 포근하게 해 준다.
10 너의 친구든지, 아버지의 친
구든지, 아무도 버리지 말
며, 위급할 때, 형제의 집에
가지 마라. 가까운 이웃이
멀리 있는 형제보다 낫다.
11 내 아들아, 부디 지혜를 깨
우쳐서 내 마음을 기쁘게 해
다오. 그리하면 나를 경멸하
는 자에게 내가 할 말이 있
을 것이다.
12 슬기로운 자는 위험을 보면
피하지만, 미련한 자는 제 발
로 들어가 화를 자초한다.
13 타인을 위해 보증하는 사람
의 의복을 취하여라. 다른 지
방 사람을 위해 보증 섰다면
꼭 그 사람을 잡아 두어라.

14 이른 아침에 큰 소리로 이웃
에게 인사하는 것은 저주하
는 말처럼 들린다.
15 비오는 날에 연달아 떨어지
는 물방울이나 다툼 잘하는
여인은 마찬가지이다.
16 그런 여자를 다스리는 것
은 손바닥으로 태풍을 막
으려는 것과 같고, 손으로
기름을 움켜잡으려는 것과
같다.
17 쇠는 쇠에 갈아야 날카롭게
되듯이 사람은 사람에게 부
딪혀야 다듬어진다.
18 무화과나무를 재배하는 자
는 그 열매를 먹고, 자기 주
인을 잘 섬기는 자는 영예를
얻는다.
19 얼굴이 물에 비치듯, 사람의
마음도 다른 사람에게 비친
다.
20 무덤과 죽음이 만족하는 법
이 없듯이 사람의 눈도 만족
할 줄을 모른다.
21 도가니로 은을, 풀무로 금을
연단하듯, 사람은 칭찬을 통
해 시험을 받는다.
22 미련한 사람을 절구에 넣고,
공이로 곡식 찧듯 찧어도,
그의 미련은 벗겨지지 않는
다.
23 네 양 떼의 형편을 잘 살피

14

15

16

17

18

19

20

21

22

23

고, 네 소 떼도 잘 돌봐라.
24 재물은 오래가지 않고, 면류
관은 대대로 물려지지 않는
다.
25 풀을 베면 다시 싹이 나니,
언덕 여기저기에서 꼴을 얻
을 수 있다.
26 양 떼는 옷 지을 털을 주고,
염소 떼는 밭을 살 만한 돈
을 준다.
27 염소 젖은 넉넉하여 너와 네
가족, 너의 여종들이 모두
먹고도 남을 것이다.

28 악인은 쫓는 자가 없
어도 도망치나, 의인
은 사자처럼 담대하다.
2 나라가 부패하면 지도자가
자주 바뀌지만, 슬기롭고 지
혜로운 지도자는 나라를 안
정시킨다.
3 가난한 자를 압제하는 권력
자는 곡식을 낟알 하나 남김
없이 쓸어 가는 폭우와 같다.
4 법을 무시하는 자는 악인을
칭찬하나, 법을 지키는 자는
악인들과 싸운다.
5 악한 사람들은 법을 무시하
나, 여호와를 찾는 자들은
온전히 법을 지킨다.
6 흠 없이 행동하는 가난뱅이
가 행실이 비뚤어진 부자보
다 낫다.

24

25

26

27

28

2

3

4

5

6

7 법을 지키는 자는 분별이
있는 사람이지만, 불량배의
친구는 아버지를 망신시킨
다.
8 고리대금으로 재산을 늘리
는 자는 가난한 자에게 후
히 베푸는 사람을 위해 재
산을 늘릴 뿐이다.
9 법을 지키지 않는 자의 기
도는 거짓된 기도이다.
10 정직한 자를 미혹하는 자
는 자신의 함정에 빠질 것
이나, 흠 없는 사람은 복을
받는다.
11 부자는 스스로 지혜롭다고
여기지만, 명철을 지닌 가난
한 사람은 자신을 살핀다.
12 의인이 권력을 잡으면 나라
가 잘되지만, 악인이 권력을
잡으면 백성들이 모조리 피
해 도망간다.
13 자기 죄를 숨기는 자는 형
통하지 못할 것이나, 죄를
자백하고 버리는 자는 긍휼
을 얻을 것이다.
14 항상 여호와를 경외하는 사
람은 복되지만, 고집쟁이는
재난에 떨어진다.
15 힘없는 백성을 압제하는 악
한 권력자는 으르렁거리는
사자요, 굶주린 곰과 같다.
16 무식한 통치자는 압제만 일

7

8

9

10

11

12

13

14

15

16

삼지만, 부정한 소득을 미워
하는 자는 장수할 것이다.
17 살인자는 죽을 때까지 피해
다녀야 한다. 아무도 그를 돕
지 않을 것이다.
18 흠 없이 행동하는 사람은 위
험에서 보호받으나, 그 행실
이 비뚤어진 자는 졸지에 망
한다.
19 자기 논을 경작하는 자는 먹
을 양식이 많겠지만, 공상만
하는 자는 가난하게 될 것이
다.
20 성실한 사람은 크게 복을 받
지만, 일확천금을 노리는 자
는 처벌을 면치 못할 것이다.
21 편애하는 것은 좋지 못하다.
사람은 빵 한 조각 때문에
범죄할 수 있다.
22 구두쇠는 부자 되기에 정신
이 없어서, 가난이 자기를 찾
아올 줄 예상하지 못한다.
23 책망하는 사람이 아첨하는
사람보다 나중에 더욱 귀히
여김을 받을 것이다.
24 부모의 물건을 훔치고도 죄
가 아니라고 하는 자는 강도
나 마찬가지이다.
25 탐심이 가득한 사람은 분쟁
을 일으키지만, 여호와를 의
지하는 자는 형통할 것이다.
26 자기를 믿는 자는 어리석지

17

18

19

20

21

22

23

24

25

26

만, 지혜를 따르는 사람은
구원을 얻을 것이다.
27 가난한 자에게 베푸는 사람
은 부족함이 없겠고 가난한
자들을 못 본 체하는 자는
저주를 배로 받을 것이다.
28 악인이 권력을 잡으면 백성
들이 숨지만, 악인이 망하면
의인은 번창한다.

29 자주 책망을 받으면
서도 계속 고집을 부
리는 사람은 졸지에 망할 것
이다. 아무런 구제책이 없다.
2 의인이 권력을 잡으면 백성
이 기뻐하나, 악인이 권력을
휘두르면 백성이 신음한다.
3 지혜를 사랑하는 자는 자기
아버지에게 기쁨을 주지만,
창녀와 사귀는 아들은 아버
지의 재산을 탕진한다.
4 공의로운 왕은 나라를 견고
히 하나, 뇌물을 좋아하는
왕은 나라를 망친다.
5 이웃에게 아첨하는 자는 그
의 발 밑에 함정을 파는 자
이다.
6 악인의 죄는 스스로 올무에
걸리게 하지만, 의인은 노래
하며 기뻐한다.
7 의인은 가난한 사람의 인격
을 존중하나, 악인은 인정사
정이 없다.

27

28

29

2

3

4

5

6

7

8 거만한 자는 도시에 폭동을
일으키나, 지혜로운 자는 화를
가라앉힌다.
9 지혜로운 사람과 미련한 사람
이 재판을 하면, 미련한 자는
길길이 날뛰며 비웃고 잠잠하
지 않는다.
10 피에 굶주린 자는 정직한 자
를 미워하여 그의 생명을 노린
다.
11 어리석은 자는 자기 분노를 드
러내지만, 지혜로운 자는 절제
한다.
12 통치자가 거짓말에 귀를 기울
이면 그의 신하들이 모두 타
락한다.
13 가난한 자와 압제자가 함께 살
지만, 여호와께서는 모두의 눈
에 빛을 비추신다.
14 왕이 가난한 자를 공평하게
재판하면, 그의 왕위가 영원히
견고할 것이다.
15 행실을 고치라고 후려치는 매
는 지혜를 주지만, 멋대로 내
버려 둔 아들은 어머니를 망신
시킨다.
16 악인이 권력을 잡으면 죄가
기승을 부리지만, 의인은 반
드시 그들이 망하는 것을 볼
것이다.
17 네 아들을 징계하여라. 그러면
그가 네게 평안을 줄 것이다.

그가 네 영혼에 기쁨을 안겨
줄 것이다.
18 계시가 없으면 백성이 제멋대
로 날뛰지만, 율법을 지키는
자는 복이 있다.
19 말로만 하면 종은 절대로 행
동을 고치지 않는다. 알면서
도 행실을 고치지 않는다.
20 조급하게 말하는 사람을 보
았는가? 미련한 자가 그보다
더 희망이 있다.
21 종이 어리다고 곱게 다루면,
나중에는 자식인 양 행동할
것이다.
22 노하는 자는 다툼을 일으키
고, 성미가 조급한 사람은 많
은 죄를 짓게 된다.
23 사람이 교만하면 낮아지고,
마음이 겸손하면 영예를 얻
을 것이다.
24 만약 네가 도둑을 돕는다면,
스스로 자신을 해치는 꼴이
될 것이며 법정에서 선서를
하여도 증언할 말이 없을 것
이다.
25 사람을 두려워하면 올무에
걸리지만, 여호와를 신뢰하
는 자는 안전할 것이다.
26 많은 사람이 통치자를 만나
아첨하고자 하나, 공정한 판
결은 여호와께로부터 나온
다.

18

19

20

21

22

23

24

25

26

27 의로운 자들은 부정직한 사람
을 미워하나, 악인은 행실이
바른 자를 미워한다.

아굴이 쓴 지혜의 말

30 야게의 아들, 아굴의
교훈입니다. 아굴이 이
디엘과, 우갈에게 이 가르침을
선포하였습니다.
2 나는 정말 짐승같이 무지한
사람이다. 나는 사람에게 있어
야 할 총명을 갖지 못했다.
3 나는 지혜를 배우지 못했고,
거룩하신 분을 아는 지식도 갖
지 못했다.
4 누가 하늘에 올라갔다 내려왔
던가? 누가 자기 손바닥에 바
람을 모았던가? 누가 자기 옷
에 물을 댔던가? 누가 땅끝을
만들었던가? 그의 이름이 무
엇이며, 그의 아들의 이름은
무엇인가? 네가 알면 말해 다
오.
5 모든 하나님의 말씀은 믿을 만
하다. 그분은 자기를 피난처로
삼는 자에게 방패가 되신다.
6 그분의 말씀에 다른 것을 더하
지 마라. 그분이 너를 책망하
고 거짓말쟁이로 생각하실까
두렵다.
7 내가 두 가지를 여호와께 구하
였사오니, 내가 죽기 전에 이루
어 주소서.

27

30

2

3

4

5

6

7

8 곧 허황한 거짓말을 내게서
멀리하여 주시고, 가난도 부
함도 허락하지 마시고, 오직
일용할 양식만 주소서.
9 그렇지 않으면, 내가 배불러
서 "여호와께서 누구인가?"
하고 당신을 부인할까 두렵습
니다. 아니면 내가 가난하여
져서 도둑질하고 내 하나님의
이름을 모욕할까 두렵습니다.
10 너는 종을 주인에게 고자질하
지 마라. 그가 너를 저주하면,
네가 처벌을 받을까 두렵다.
11 자기 아버지를 저주하고 자기
어머니를 축복하지 않는 불효
자식들이 있다.
12 자기 스스로 깨끗하다 여기고
자기 더러움을 씻지 않는 자
들도 있다.
13 아주 거만하여 그 눈꺼풀들
이 치켜올려 있는 자들이 있
다.
14 앞니는 긴 칼 같고 어금니는
군인이 허리에 찬 칼 같아서,
가난한 자를 땅에서 집어삼켜
없애고, 궁핍한 자를 무시하
는 자들이 있다.
15 거머리에게는 두 딸이 있어,
"주세요, 주세요"라고 한다.
결코 만족을 모르는 서너 가
지가 있으니,
16 곧 무덤과 아이 배지 못하는

8

9

10

11

12

13

14

15

16

태와 메마른 땅과 이글거리
는 불이다.
17 아버지를 비웃고 어머니를
경멸하여 불순종하는 자의
눈은, 골짜기의 까마귀에게
쪼이고 독수리에게 먹힐 것
이다.
18 내가 이해하지 못할 기이한
것 서너 가지가 있으니,
19 곧 공중에서 독수리가 날아
다니는 길과 바위에서 뱀이
기어 다니는 길과 대해에서
항해하는 배의 항로와 젊은
여자와 동침하며 지나간 남
자의 길이다.
20 간음한 여자의 길도 이와 같
으니 그녀는 죄를 짓고도 잘
못한 것이 없다고 말한다.
21 세상을 뒤흔드는 서너 가지
가 있으니,
22 왕이 된 종과 배부른 바보와
23 사랑받지 못한 여인이 시집
간 일과 여주인을 대신한 여
종이다.
24 아주 작지만 아주 지혜로운
것 네 가지가 세상에 있으
니,
25 곧 힘이 없지만, 여름에 음
식을 장만하는 개미와
26 힘이 없지만, 돌 틈에 집을
짓는 오소리와
27 왕이 없지만, 줄을 지어 행

17

18

19

20

21

22

23

24

25

26

27

진하는 메뚜기들과
28 손에 잡힐 것 같으면서도, 왕
궁에 드나드는 도마뱀이다.
29 위풍당당하게 걷는 것 서너
가지가 있으니,
30 동물의 왕으로서 어떤 것 앞
에서도 물러서지 않는 사자
와
31 꼬리를 치켜 세우는 수탉과
숫염소와 군대를 거느린 왕
이다.
32 만일 네가 미련하여 스스로
높은 체하거나, 악한 생각을
품었다면, 손으로 네 입을 막
아라.
33 우유를 저으면 버터가 되고,
코를 비틀면 코피가 나오듯,
화를 돋우면 싸움이 생긴다.

르무엘 왕이 쓴 지혜의 말

31 르무엘 왕의 어머니가
그를 가르쳤던 말씀입
니다.
2 오, 내 아들아, 오, 내 태에서
나온 내 아들아, 오, 내가 서
원해서 얻은 내 아들아!
3 네 힘을 여자들에게 쏟지 마
라. 왕을 멸망시킨 여자들에
게 네 기력을 탕진하지 마라.
4 오, 르무엘아, 포도주를 마시
는 것은 왕에게 합당하지 않
다. 독주를 탐하는 것은 통치
자에게 합당하지 않다.

28
29
30
31
32
33
31
2
3
4

5 술을 마시고 법을 망각하고
압제당하는 자들을 무자비하
게 다룰까 두렵다.
6 독주는 죽게 된 자에게나 주
고, 포도주는 근심하는 자나
마시게 하여라.
7 그것으로 잠시나마 그들의 고
통을 잊게 하여라.
8 너는 스스로 자기 사정을 알
리지 못하는 자들을 살펴 주
고, 힘없는 자들을 대변하여
라.
9 공평하게 재판하여라. 가난
한 자와 궁핍한 자의 권리를
변호해 주어라.

현숙한 여인

10 누가 현숙한 아내를 얻겠는
가? 그녀는 비싼 진주에 비길
수 없이 귀하다.
11 그녀의 남편은 아내를 신뢰
하여 아무런 부족함이 없을
것이다.
12 그녀는 평생 남편을 잘되게
하고 결코 해를 끼치지 않는다.
13 그녀는 양털과 삼을 구하여
손을 부지런히 놀려 일하고
14 상선처럼 멀리서 양식을 구해
온다.
15 그녀는 이른 새벽에 일어나
가족의 밥상을 차려 주고 여
종들에게 일감을 할당해 준
다.

5

6

7

8

9

10

11

12

13

14

15

16 그녀는 밭을 잘 골라 사고, 손
수 포도원을 가꾼다.
17 힘있게 허리띠를 묶고, 자기
할 일을 당차게 처리한다.
18 자기의 일이 유익한 것을 알
고, 저녁에도 등불을 끄지 않
는다.
19 손을 놀려 물레질을 하고, 베
를 짜며,
20 팔을 벌려 가난한 자들을 돌
보고 궁핍한 자에게 후히 베푼
다.
21 온 식구는 눈이 와도 겁내지
않는다. 왜냐하면 가족 모두
따뜻한 옷을 입었기 때문이다.
22 그녀는 침대를 위한 이불을
만들고, 세마포와 자색옷을
입는다.
23 그녀의 남편은 유명 인사가 되
고, 고위 관리들과 함께 앉는
다.
24 삼베옷을 만들어 팔고, 띠를
만들어 상인들에게 판다.
25 그녀는 힘있고 기품이 있다.
그녀는 미래를 계획하며 웃는
다.
26 입을 열어 지혜를 가르치니,
그녀의 혀에는 진실한 가르침
이 있다.
27 집안일을 자상히 보살피고, 태
만하게 밥을 먹는 일이 없다.
28 그녀의 아들들은 그녀를 축복

16

17

18

19

20

21

22

23

24

25

26

27

28

하고 남편 역시 그녀를 칭찬한
다.
29 "뛰어난 여자들이 많지만 당
신이 최고요."
30 매력도 헛되고, 아름다움도 허
무하나, 여호와를 경외하는 자
는 칭송을 받을 것이다.
31 그녀가 행한 일이 보상을 받
고, 모든 사람들이 그녀를 칭
송할 것이다.

29

30

31

아가페 쉬운성경 ver.
채움 쓰기성경®

잠언

2021년 1월 22일 1판 1쇄 발행

편 자 쉬운성경 편찬위원회
발행인 곽 성 종
발행처 (주)아가페출판사
등록번호 제21-754호(1995.4.12)
주 소 서울시 서초구 효령로8길 5(방배동)
전 화 (02)584-4669
판 권 본사 소유

아가페 출판사

필사&쓰기성경® 전용펜 장점

1. 잉크의 뭉침(볼펜 똥)이나 이물질이 없어 깨끗하게 쓸 수 있습니다.
2. 쓸수록 종이가 부풀어 오르는 것을 방지합니다.
3. 오랫동안 보관 시에도 종이가 서로 붙지 않습니다.
4. 물기로부터 글자가 훼손되는 것을 막아줍니다.

* 예수님 말씀은 빨간색 펜을 사용하세요.

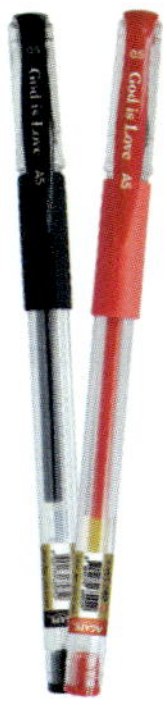

일반용

일반 필사&쓰기성경 전용펜 A5(검정/빨강) ········ **800원**

일반 필사&쓰기성경 전용펜 A5(검정/빨강) (1박스/12개) ········ **9,600원**

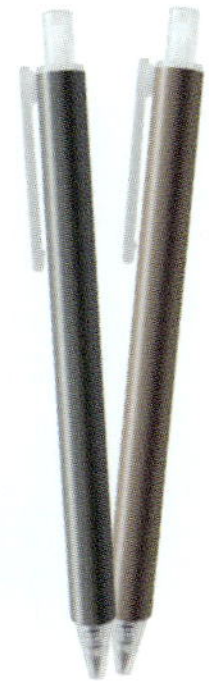

중용량

오피스펜 200 PLUS (검정) (그레이/골드) ········ **1,500원**

오피스펜 200 PLUS (검정) (그레이/골드)(1박스/10개) ········ **15,000원**

중용량

필사&쓰기 전용펜 (고급) (블랙/투명) ········ **1,600원**

필사&쓰기 전용펜 (고급) (블랙/투명)(1박스/12개) ········ **19,200원**

대용량

대용량 필사&쓰기성경전용 오피스펜 300 (그레이/골드) ········ **1,800원**

대용량 필사&쓰기성경전용 오피스펜 300 (그레이/골드)(1박스/10개) ········ **18,000원**

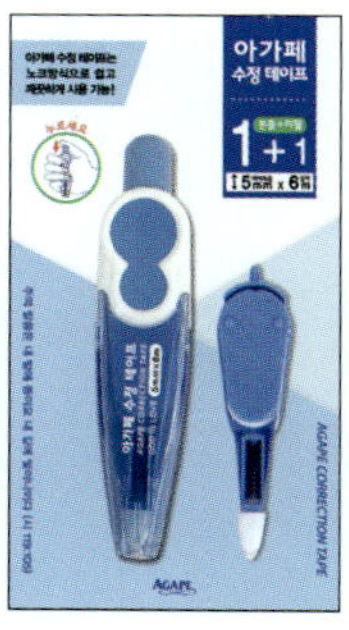

아가페 수정 테이프 (본품+리필) (블루) ········ **3,000원**

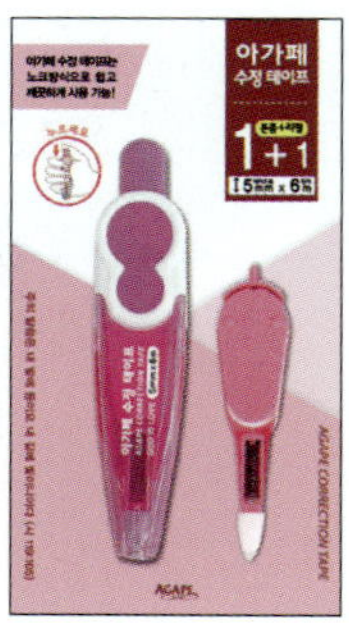

아가페 수정 테이프 (본품+리필) (핑크) ········ **3,000원**

*쓰기성경 전용펜과 수정 테이프를 같이 사용하시면 좋습니다.

* 가격은 변동될 수 있습니다.

AGAPE
[주]아가페출판사

아가페 쉬운성경 ver. 채움 쓰기성경®

성경 본문이 인쇄되어 있어
성경책 대조 없이 쓸 수 있는 쓰기성경!

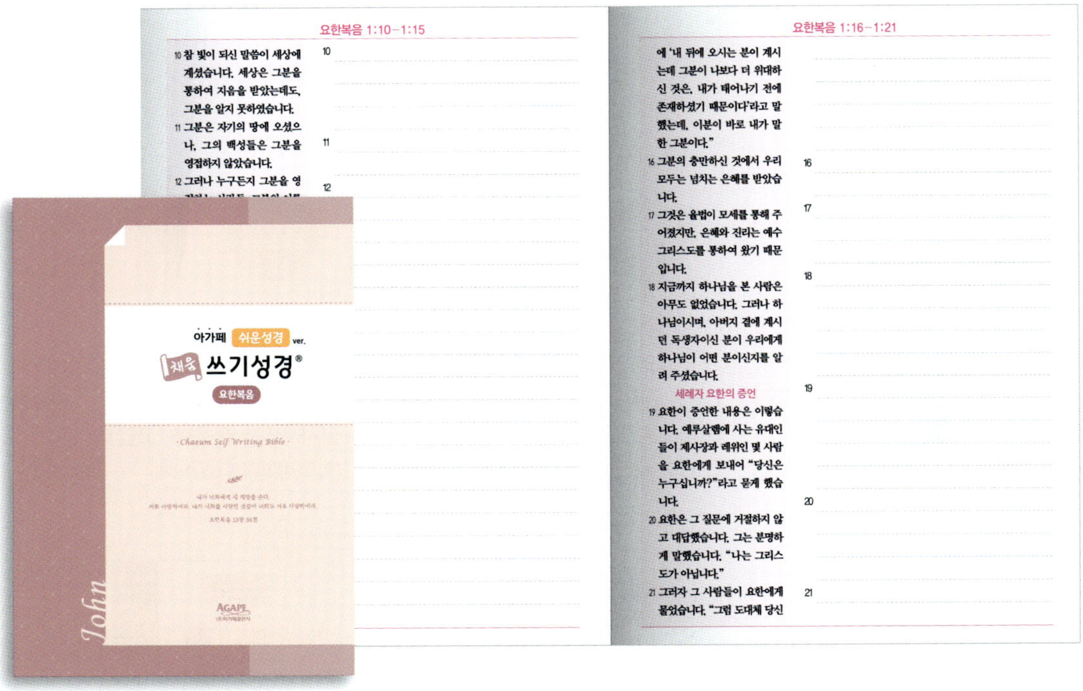

요한복음	값 8,500원

1. **성경 본문이 인쇄**되어 있어 필사 시간이 획기적으로 단축됩니다.
2. 성경책을 휴대하지 않아도 **언제 어디서든 필사**가 가능합니다.
3. **잘 펴지는 제본**으로 편리하게 쓸 수 있습니다.
4. 자신의 서체대로 자유롭게 쓸 수 있습니다.
5. **목회자 설교 노트용**으로 사용할 수 있습니다.

* 자세한 내용은 아가페 홈페이지를 참고하세요.

어린이도 마음에 새기는 하나님 말씀

아가페 쉬운성경 따라쓰기 시리즈

쉬운성경 잠언·요한복음 따라쓰기

▲ 쉬운성경 잠언 따라쓰기 | 112면

▲ 쉬운성경 요한복음 따라쓰기 | 160면

말씀이 어려운 아이들에게 추천!

아가페 쉬운성경으로

하나님의 말씀을 써보세요.

www.iagape.co.kr [주]아가페출판사

올컬러

일러스트 쉬운성경

일러스트 쉬운성경(중/단본/고급,비닐)

· 색상: 고급(인디고블루,인디핑크), 비닐
· 가격: 고급 31,000원/비닐 27,500원

일러스트 쉬운성경(소/단본/고급,비닐)

· 색상: 고급(인디고블루,베이비핑크), 비닐
· 가격: 고급 27,500원/비닐 24,500원

어린이를 위한 주일학교 성경으로 추천!

〈실제 본문 사진〉

01 교계가 인정하고 **주일학교 성경**으로 채택한 아가페 쉬운성경

02 **국내 최다 보급, 다양한 종류**와 수준 높은 컨텐츠, **최고의 인지도**

03 8년에 걸쳐 만든 신뢰도 높은 **원문번역성경**

※유사 성경명에 유의하십시오! '아가페'를 꼭 확인하세요.

[주]아가페출판사 www.iagape.co.kr

* 자세한 내용은 아가페 홈페이지를 참고하세요.